創造する心

これからの教育に必要なこと

Marvin Minsky 著

Cynthia Solomon、Xiao Xiao 編

大島 芳樹 訳

O'REILLY®
オライリー・ジャパン

INVENTIVE MINDS

MARVIN MINSKY ON EDUCATION

MARVIN MINSKY

EDITED BY CYNTHIA SOLOMON AND XIAO XIAO
ILLUSTRATED BY XIAO XIAO

THE MIT PRESS
CAMBRIDGE MASSACHUSETTS
LONDON ENGLAND

―― 竹林洋一

　マーヴィン・ミンスキーの教育に関するエッセイ集の日本語版について、長女のマーガレット・ミンスキーから連絡があった。アラン・ケイとともに仕事をしてきた大島芳樹さんが翻訳を進めているので協力してほしいとのことだった。マーヴィンのAI研究の継承を目指している私にとって、渡りに船の話だった。

　カリフォルニアで活躍中の大島芳樹さんとお会いすると、私が翻訳した『ミンスキー博士の脳の探検』(原題『The Emotion Machine』)の訳を随所で引用していて、原著では大幅にカットされたというアラン・ケイの文章を、日本語版では全文盛り込もうとしていることがわかった。その後、私が主宰するミンスキー理論を学ぶ勉強会「EM塾」に参加いただいて話が弾み、『心の社会』(原題『The Society of Mind』)の訳を手掛けられ日本の教育改革を先導している安西祐一郎先生に、ご寄稿をお願いすることとなった。安西先生は英語の哲学博士論文の書籍化でご多忙な中、マーヴィンの6編のエッセイについての解説、自身の学習やインタラクション理論との関係、学習と教育のあり方について素晴らしいエッセイを執筆いただいた(巻末「日本語版特別寄稿"創造する心"を創造する環境」)。日本語版『創造する心』は、原著よりも内容が充実していると思う。

　本書『創造する心』は、マーヴィンのエッセイに他の寄稿者が論評す

るという構成のユニークなエッセイ集なので、初めから順番に読む必要はない。関心のあるテーマから読むことをお勧めする。安西先生の解説を最初に読んで全体を俯瞰してから、各論に入っていくのもお勧めだ。ちなみに私のお気に入りは、『ミンスキー博士の脳の探検』で扱っている人間の高次の思考や内省と関連が深い後半のエッセイ4、5、6と、パトリック・ウィンストン（2代目のMIT AIラボ所長。2019年7月に逝去）によるエッセイ6に対する論評である。ウィンストンは「ミンスキーの著述はダイヤの鉱山のようなものだと思っている。大量のアイデアが埋まっており、カットして磨くと素晴らしいきらめきを見せる」と述べている。読者の皆さんには、マーヴィンの教育に関するさまざまなヒントを本書から発掘し、時間をかけて育てていただきたい。

　私は第2次AIブームの最中、1985年夏に新設されたMITメディアラボに着任した。当時のニコラス・ネグロポンテ所長は"Demo or Die"を標榜し、AIラボからマーヴィンとシーモア・パパートを迎え入れた。教育、電子出版、音楽などの多彩な研究者が集まって、独特な雰囲気を醸し出していた。ウォルター・ベンダー（後の第2代所長）は魅力的なプロトタイプシステムを次々と開発していたが、当事の私は信号処理やパターン認識を研究してきたので、このような「価値を創造する」研究にはなじめなかった。

　そのような状況で、アラン・ケイが主宰するビバリウム・プロジェクト（Vivarium Project、211ページ参照）プロジェクトの初回のゼミに参加した。教室にはマーヴィンとマーガレットもいた。冒頭でスズキ・メソードのバイオリン演奏の映像が映し出され、アラン・ケイからプロジェクトの概要説明があった。質疑応答は活発だったが、門外漢の私にとっては何を目指しているのかわからなかった。ゼミが終わると、リーダー格の学生が「フリーランチに行く」とのことで、MITの

近くの中華レストランまで歩いていった。そこで、アラン・ケイと同じ円卓テーブルに座り、しかもマーヴィンの隣の席になってしまったのである。食事をしながら、初対面のマーヴィンと表面的な会話をするのが精一杯で、アラン・ケイとマーヴィンとの会話はほとんど理解できなかった。今となっては懐かしい、マーヴィンとアラン・ケイとの、何とも言えない気恥ずかしい思い出だ。

ウィンストンのAIの授業で質問したのがきっかけで、10人程度の、AIラボの機械学習のReadingセミナーに参加するようになった。統計的パターン認識やニュートラル・ネットの学習の理論は経験を積んでいたが、シンボリックAIについては何も知らなかったので、AIラボの研究者との議論は大変だった。そんなある日、ウィンストンのAIの授業に出席すると、マーヴィンの"The Society of Mind（『心の社会』）"についての特別講義が行われていた。その時、マーヴィンに質問したおかげで、AIラボに連れていかれ、初期のドラフトを手渡された。自宅に戻り読んでみると、次々と新しい発見があり、読みふけったことを思い出す。「恋をする」という状態になったのだろう。それからマーヴィンは私の《インプリマ》として、2016年に旅立つまで、家族ぐるみで交流を深め、子供の発達や認知機能障害の研究、教育の方法論、さらには『ミンスキー博士の脳の探検』についてのさまざまな議論をする幸運に恵まれたというわけだ。

マーヴィンの『ミンスキー博士の脳の探検』は、人間のコモンセンス（常識）や高次のAI研究に関係する理論とアイデアが満載だ。私は、その日本語への翻訳作業に膨大な時間を費やして、マーヴィンの多面的な思考プロセスをシミュレートし、多くを学ぶことができたのだが、分厚すぎて理解と普及は困難と考えていた。その点、「教育」に的を絞った本書『創造する心』は、マーヴィンの考え方やアイデアを効率的に学

ぶことができ、子供や若者の未来を拓くためにも重要な役割を担えると思う。

　ところで、シンギュラリティー（singularity）で有名なGoogleのレイ・カーツワイル（Ray Kurzweil）は、2017年にスタンフォード大学で開催されたAAAI（米国人工知能学会：Association for the Advancement of Artificial Intelligence）のミンスキー追悼シンポジウムで、こう語っていたのが印象に残っている。「マーヴィンは究極の教育者であり、自分が14歳から交流したただ1人のメンターであり、AIについてはシンボリックAIとコネクショニストの両方に精通している」。

　エッセイ6に寄稿しているウィンストンのメンターもマーヴィンだった。2019年3月に静岡大学の同僚とMITを訪問し、ウィンストンの物語理解の研究と、静岡大学で行っている認知症情報学の研究について議論し、共同研究を具体化することになった。その矢先の7月に、ウィンストンは逝去してしまったのだ。ウィンストンは、シンボリックAIの世界は広く深いのでチャンスは必ず来る、と力説していた。AIの氷河期が長かったので、ミンスキー／MIT流のシンボリックAIやコモンセンスの研究者は枯渇してしまったが、深層学習に集中している第3次AIブームも、研究面では成熟を迎えている。実際、DARPA（米国国防高等研究計画局：Defense Advanced Research Projects Agency）はコモンセンスの大型研究プロジェクトを立ち上げた。「マーヴィンをシミュレートして、大きな成果を出そう！」と握手をして別れた時の、ウィンストンの笑顔と手のぬくもりが忘れられない。

　さまざまな考えを触発してくれる本書『創造する心』が、多くの日本の読者の皆さんに届き、マーヴィンのように学ぶことの楽しさを呼び

覚まし、一人ひとりの創造性を育む教育の実現に貢献することを期待
したい。

【寄稿者紹介】

竹林 洋一　（たけばやし よういち）

東北大学大学院博士課程修了。工学博士。東芝入社。MITメディアラボ滞在中に
マーヴィン・ミンスキー博士の知遇を得る。東芝研究開発センター技監などを経
て、静岡大学教授。これまで音響信号処理、音声対話システム、マルチモーダル
インタラクションの研究に従事。情報処理学会高齢社会デザイン研究会主査、人
工知能学会コモンセンス知識と情動研究会主査、人工知能学会理事、情報処理学
会理事、産業技術総合研究所サイバーアシスト研究センター評価委員長、大学評
価・学位授与機構工学系研究評価専門委員、情報処理推進機構（IPA）未踏ソフト
ウェア創造事業プロジェクトマネージャー（PM）などを歴任。デジタルセンセー
ション（株）を設立して会長就任、経営統合後の（株）エクサウィザーズ取締役フェ
ローを務めた。日本音響学会技術開発賞、情報処理学会フェローなど受賞。現
在、静岡大学創造科学技術大学院特任教授、みんなの認知症情報学会理事長、日
本子ども学会理事。訳書に『ミンスキー博士の脳の探検—常識・感情・自己と
は—』（共立出版）がある。

CONTENTS

●注記の扱いについて

原書注は「*」で本文中に記し、巻末254ページに掲載しています。訳注は「※」で本文中に記し、当該ページの脚注に掲載しています。

●初出情報

エッセイ1
The Infinite Construction Kit

Introduction to LogoWorks, March 14 1984

Published in "LogoWorks: Challenging Programs in Logo", Cynthia Solomon, Margaret Minsky, and Brian Harvey, eds. McGraw-Hill 1986

https://web.media.mit.edu/~minsky/papers/Logoworks.html

エッセイ2
What makes Mathematics hard to learn?

OLPC MEMO-1 Marvin Minsky, Feb 16, 2008 (revised March 22)

https://web.media.mit.edu/~minsky/OLPC-1.html

エッセイ3
Effects Of Grade-Based Segregation

OLPC MEMO-2 Marvin Minsky, March 17, 2008

https://web.media.mit.edu/~minsky/OLPC-2.html

エッセイ4
Role Models, Mentors, and Imprimers and Thinking

OLPC MEMO-3 Marvin Minsky, April 10, 2008

https://web.media.mit.edu/~minsky/OLPC-3.html

エッセイ5
Questioning "General" Education

OLPC MEMO-4 Marvin Minsky

https://web.media.mit.edu/~minsky/OLPC-4.html

エッセイ6
Education and Psychology

OLPC MEMO-5 Marvin Minsky, January 22, 2009

https://web.media.mit.edu/~minsky/OLPC-5.html

謝辞

私たちは誰よりも先に、子供と教育に関する素晴らしい考察を書き残したマーヴィン・ミンスキー（Marvin Minsky）博士に、大いなる感謝をまず最初に捧げたいと思います。また、ミンスキー博士と深い協力関係にあったシーモア・パパート（Seymour Papert）博士にも、同じだけの感謝を捧げます。

この本は、グロリア・ルデッシュ（Gloria Rudisch）とマーガレット・ミンスキー（Margaret Minsky）のサポートなしには生まれなかったでしょう。グロリアは小児科医であり、公衆衛生医でもあり、そしてマーヴィンの妻でもありました。この本がゆっくりと形をなしつつある時に、彼女から貴重な助力をいただきました。マサチューセッツ州ブルックラインにあるマーヴィンの家で作業を行うことを許していただき、どんな時でもすぐに原稿を読んでフィードバックしていただきました。マーガレットは私たちの非常に親しい同僚であり友人ですが、何よりミンスキー博士の長女でもあります。父親の生涯の仕事と人生に深く関わってきた彼女は、かけがえのない知識の宝庫であり、またとない意見の交換相手になってくれました。

そして、この本のために寄稿してくださったマイク・トラバース（Mike Travers）、アラン・ケイ（Alan Kay）、ハル・エーベルソン（Hal Abelson）、ゲイリー・ステーガー※1（Gary Stager）、ブライアン・シルバーマン（Brian Silverman）、ウォルター・ベンダー（Walter Bender）、パトリック・ヘンリー・ウィンストン（Patrick Henry Winston）、そ

謝辞

してマーガレット・ミンスキーにも感謝します。彼らはみなミンスキー博士を深く理解しているので、ここに集められた文章はミンスキー博士の言葉にさらなる妙味を加えることとなりました。

シンシアからは、この本を作る時に大きな役割を果たした以下の皆さんに感謝を送ります。まずはアーテミス・パパート（Artemis Papert）とブライアン・シルバーマンの2人に、批評、編集、そして応援をいただきました。またデレク・ブリーン（Derek Breen）、アリソン・ドルイン（Allison Druin）とディラン・ホームズ（Dylan Holmes）にも同様に支えていただきました。そして、アナ・カレン＝ヴォヤタキス（Anna Cullen-Voyatzakis）、ベリンダ・バーマン＝リアル（Belinda Berman-Real）、サンドラ・アボラ（Sandra Avola）、シェリー・トンプソン（Sherry Thompson）にも力強い応援をいただきました。

シャオからは、イディット・ハレル（Idit Harel）に、編集作業の初期段階から助言、応援、さまざまな逸話をいただいたことを感謝します。シャオが培ってきた学びの技術に関する見識は、主にドナル・フォックス（Donal Fox）や、故人となったイディス・アッカーマン（Edith Ackermann）との対話に基づいています。ドナルから受けた音楽学習に関する知見は、エッセイ5の多くのイラストに影響を与えています。指導教官であった石井裕教授にも、学習に関する興味を博士論文の研究として探求する自由と、この本に携わる間MITメディアラボの客員研究員の席を与えてくださったことを感謝します。また、ダンビー・キム（Danbee Kim）、ドンデレク・ハダッド（DonDerek Haddad）、ブリア

※1　訳注：『作ることで学ぶ』（オライリー・ジャパン刊、2015年。原題は『Invent To Learn: Making, Tinkering, and Engineering in the Classroom』）の訳書では「ゲイリー・ステージャー」と表記されていたが、本人に確認したところ、「g」の発音は「硬いg」ということで、本書では「ステーガー」の表記を採用した。

ナ・エデン（Briana Eden）から受けた助言や応援、情愛あふれるサポートにも感謝します。

　私たちの家族にも感謝したいと思います。シンシアからはエリック・ソロモン（Erric Solomon）、ジョン・ソロモン（Jon Solomon）、エヴァ・ホプフ（Eva Hopf）、サンディ・スローン（Sandi Slone）、ブルース・エーアマン（Bruce Ehrmann）、ルーウェン・ソロモン（Luwen Solomon）に。シャオからは、シャオチェン・ウー（鄔小琤／Xiaocheng Wu）、ケ・シャオ（蕭柯／Ke Xiao）、ヨングリ・リー（李詠姫／Yongli Li）、シャンダ・ウー（鄔顯達／Xianda Wu）、シャオメイ・ウー（鄔小玫／Xiaomei Wu）、ジャンハイ・ハン（韓江海／Jianghai Han）、そしてアンディ・ハン（韓子豪／Andy Han）に感謝します。

　また、マーヴィンの親戚の皆さんにも感謝します。リチャード・アムスター（Richard Amster）は、本の契約をする上でかけがえのない知識を提供してくれました。ミンスキー博士のお孫さんたち、マイルス・スティール（Miles Steele）、シャーロット・ミンスキー（Charlotte Minsky）、ジジ・ミンスキー（Gigi Minsky）、ハリー・ミンスキー（Harry Minsky）はみな発明の心を持ち合わせており、私たちにひらめきのきっかけを与えてくれました。オリバー・スティール（Oliver Steele）、ジュリー・ミンスキー（Julie Minsky）、ランス・ラッシング（Lance Rushing）、ヘンリー・ミンスキー（Henry Minsky）、ミラン・ミンスキー（Milan Minsky）、リチャード・アムスター、そしてルース・アムスター（Ruth Amster）にも感謝します。

　この本は、マーガレット・ミンスキーが主導している、マーヴィンの人生と仕事のアーカイブを作るという活動の一環でもあります。この活動には、大島芳樹、ブライアン・ブラッドリー（Brian Bradley）、リ

チャード・アムスター、テレサ・マリン・ナクラ (Teresa Marrin Nakra)、ポーラ・アギレラ (Paula Aguilera)、ジョナサン・ウィリアムス (Jonathan Williams)、ルーベン・マークス (Ruben Marques)、そしてロドリゴ・サントス (Rodrigo Santos) が関わっています。彼らの努力もまた、かけがえのない財産です。ハイケ・ルースカ (Heikke Ruuska) からの助力もありました。

サウス・エンド・テクノロジー・センターのメル・キング (Mel King) とスーザン・クリムチャク (Susan Klimczak) は、作業をする場を設けてくれました。特にデイビッド・カバーロ (David Cavallo) には、シーモアの記憶を呼び覚ましてくれたこと、エド・バッフィ (Ed Baffi) には書名を決める時の助言、ハーレム・クルス (Harlem Cruz) には作業環境の整備をしてくれたことに感謝します。

最後にMIT Pressのスーザン・バックリー (Susan Buckley) とノア・スプリンガー (Noah Springer)、そしてMIT図書館のクリス・ボーグ (Chris Bourg) は、マーヴィンの教育に関するアイデアが価値あるものと信じてくれました。この本に命を吹き込んだ彼らのサポートに、深く感謝したいと思います。

略歴：マーヴィン・ミンスキー博士

　マーヴィン・ミンスキーはマサチューセッツ工科大学（MIT）において、東芝寄付講座でメディア・アートと科学の教授、そして電気工学科でコンピューター・サイエンスの教授を務めた。彼の研究は、人工知能、認知科学、ニューラル・ネットワークの分野において理論と実践の両面で業績を築き上げ、さらにチューリング・マシンと再帰関数に関する理論を進展させた。他の分野、すなわちグラフィックス、記号的数式処理、知識表現、常識的意味論、機械知覚処理、そして記号的およびニューラル・ネットワークによる機械学習の分野にも貢献した。

　ミンスキー教授はロボティクスとテレプレゼンス分野を切り拓いた。教授は機械式の腕や触覚器を持つ機械の手、そして最初期のLogoタートル※1を設計・開発した。これらの業績は、後に続くロボット工学研究に大きな影響を与えた。教授は先進的な宇宙探査技術の開

※1　訳注：プログラミング言語Logoで操作できるように設計された、床の上を移動できる機械的ロボット。

発にも関与しており、スタンリー・キューブリック監督の映画『2001年宇宙の旅』(原題『2001: A Space Odyssey』) の制作に技術指導として参加した。

1951年にミンスキーは、ランダムに接続されたニューラル・ネットワークに基づく学習機械を世界で初めて作成した。これはシナプス結合の強化というモデルに基づいており、SNARC (Stochastic Neural-Analog Reinforcement Computer) という名前が与えられた。1956年、ハーバード大学のジュニア・フェローだった時に、共焦点走査顕微鏡※2を発明した。これは、従来のものよりもはるかに高い解像度と画質を持つ光学顕微鏡であった。

1950年代中盤からミンスキーは、計算論的なアイデアを使って人間の心理的プロセスの特徴を記述するという研究、そして機械に知性を与えるという研究に邁進した。1970年代初頭には、シーモア・パパートとともに、「心の社会 (Society of Mind)」と呼ばれる、児童発達心理学と人工知能研究による知見を組み合わせた理論を構築し始めた。心の社会では、知性は単一の機構から生まれるものではなく、広範な種類の思考エージェントの相互作用によるものだという理論を提案したのである。

1985年にミンスキーは大書『心の社会』※3を出版した。この本は270個に及ぶ思考に関するアイデアが1ページに1つずつ書かれた上、一つ

※2 訳注：試料の小さな部分ごとに照明を照射し、結果を合成することにより解像度の高い拡大像を得る技術。
※3 訳注：原題は『The Society of Mind』。邦訳は『心の社会』(マーヴィン・ミンスキー著、安西祐一郎訳／産業図書刊／1990年)。
※4 訳注：原題は『The Emotion Machine』。邦訳は『ミンスキー博士の脳の探検 —常識・感情・自己とは—』(マーヴィン・ミンスキー著、竹林洋一訳／共立出版刊／2009年)。

ひとつのアイデアが他のアイデアと関連づけられるように記述されており、心の社会理論そのものの構造を反映した構成になっていた。2006年には続編『ミンスキー博士の脳の探検』※4が出版された。こちらの方は高次の心理的活動、つまり感覚・目標・感情や意識的思考をカバーする理論であり、複数の階層からなる思考プロセスを基本要素とし、それらがお互いに反応し合うというモデルに基づいていた。複数の「考え方」(108ページの訳注を参照) を提供することにより、人間固有の「思考の豊かさ」(119ページの訳注を参照) をプロセスの集まりとして説明できるものであった。

　技術的な業績に加えて、マーヴィンは古典楽曲のピアニストとしても名をなした。彼はバッハやベートーベンのスタイルで即興演奏する技術を独習し、2016年1月24日に亡くなるまで演奏を欠かさなかったのである。

　マーヴィンが受けた学校教育は彼の人生で大きな役割を担っていた。以下は彼の在籍した学校の一覧である。

・ニューヨーク州フィールドストン校
・ニューヨーク州ブロンクス科学高校
・マサチューセッツ州アンドーバー フィリップス・アカデミー
・1944 〜 1945年　米国海軍
・1946 〜 1950年　ハーバード大学(数学学士号)
・1951 〜 1954年　プリンストン大学(数学博士号)
・1954 〜 1957年　ハーバード大学(ジュニアフェロー)

はじめに

――シンシア・ソロモン

　　コンピューター・サイエンスはコンピューターにのみ関係するもの
　　ではなく、複雑なプロセスの集合、そしてその一例としての私たちの
　　心の働きについて、まったく新しいやり方で理解する方法を提供しう
　　るものである。今私たちが手にしているような新しい技術、例えばプ
　　ロセスを記述するためのプログラミング言語や、知識表現を扱うデー
　　タ構造などが現れるまでは、心理活動を記述し、アイデアを交換する
　　ようなことはできなかった。
　　　　　　　　　　　　　　　　　　　　　――マーヴィン・ミンスキー[*1]

　マーヴィン・ミンスキーは、人工知能（AI）という分野の創始者と
して世界的に知られている。マーヴィンにとってAIとは、表面的に
知性を持っているふりができていればよいというものではなかった。
彼は、人間の思考を模倣できるような機械を作ることに興味を持って
いたのである。マーヴィンが人工知能研究の中心に据えていたのは、
人間の心の中で動いているであろう不可思議な機構を理解するという
冒険である。著書『心の社会』と『ミンスキー博士の脳の探検』では、人
間の思考に関わる常識・感情・知覚・行動といったもの、そして個人
が成長する時に起こる変化を説明する美しい理論を提案している[*2]。

　マーヴィンが作り出した心に関する知見は、知性を持った機械を作
ることだけではなく、子供の学習と思考に関しても新たな視点を提供

している。また、コンピューターが子供の発達を補助するための道具
として、教育そして学校においてどのような役割を果たしうるのかを
俯瞰することにもなっている。本書は、この課題に着目したエッセイ
をまとめたものである。

マーヴィン・ミンスキーとシーモア・パパート

　私が子供のことを考える時、シーモア・パパートのこと、そして彼
が残した「考えることについて考えるためには、何かについて考える
ことを考えないわけにはいかない」*3という言葉を思い返さないでは
いられない。子供でも使えるコンピューターを発明し、学校のあり方
を考え直すことのパイオニアとして知られるシーモアは、長年にわ
たってマーヴィンのとても親しい同僚であった。2人はMIT AIラボ
（MIT AI Lab）の共同所長を務め、数えきれないくらい多くのプロジェ
クトを共同で行い、またAIラボとMITメディアラボ（MIT Media
Lab）で多くの学生の共同指導教官も務めていたのである。

　本書に収められたエッセイを読むと、マーヴィンとシーモアの考え
方がとてもよく似ていることにあらためて気づかされる。その証拠と
して、イギリスで1960年の夏に開かれたある会議で彼ら2人が初めて
出会った時のエピソードを紹介したい。参加した2人は、ランダムに
接続されたノードからなるニューラル・ネットワークについての、ほ
とんど同じ内容の論文をそれぞれ発表したのである。2人はこの時か
ら同じような将来の方向性を見通しており、その後40年にわたって、
この時以来の先見の明が2人の共同研究、またそれぞれ個人としての
研究と共鳴し続けていたのである。

　彼らに共通点があるということは、2人と個人的な知り合いでない

はじめに

021

と気づきにくいかもしれない。その共通点とは、2人ともコンピューターを人工知能を作るために使うこと、そして人々の学習法や思考法を拡張する方法として使うことを考えたところにある。ただ、2人とも心と学習ということに興味をそそられてはいたのだが、それぞれが最重要課題としたものには違いがあった。マーヴィンの目標は人間のようにものを考えることのできる機械を作ることであったが、シーモアにとってのコンピューターはあくまで道具であり、子供が考えることについて考えられる能力を高める方法の研究に主眼が置かれていたのである。

マーヴィン・ミンスキー（左）とシーモア・パパート（右）

　要約すると、シーモアの書いたものが「外側」、つまり学校・社会状況・環境に重点を置いているのに対し、マーヴィンの焦点は心の「内側」の仕組みであったと言える。この違いは、彼らの持っていたインプリマ※1が違っていたことからきていたのかもしれない。マーヴィンのインプリマはフロイトであった。マーヴィンはフロイトのこと

※1　訳注：ミンスキーによる造語で、ある人の根本的な目標や価値観に影響を与えうる人、という意味。132ページを参照。

を、精神の働きに関する理論を構築した歴史上最初の人で、内容の当否は別としても、他の人がさらに検討を積み重ねていけるような理論にまで作り上げた人であると考えていた。フロイトの理論では、心は別々の部分からなっており、それらを管理する司令系統があるとされていたのである。一方シーモアのインプリマは、子供とは後から知識を注ぎ込みさえすればよいような空っぽの器ではない、ということを示したジャン・ピアジェ（Jean Piaget）であった。ピアジェの理論では、子供は大人とは異なる世界観を持つが、年齢と経験を積み重ねることにより、彼らの世界観は変化していく。マーヴィンとシーモアは共通の視点 ―― マーヴィンが「パパートの原則」と呼んだもの ―― を持っていた。それは、ピアジェによる発達心理の理論をシーモアが解釈したものを内包し、精神の部分と統合系統を持つというフロイト分析にも当てはまるものであった。

パパートの原理

心的発達における決定的な段階のいくつかは、新しいスキルを獲得することではなく、すでに保持している知識の新しい管理方法を獲得することに基づいている[4]。

パパートの原理は、マーヴィンとシーモアがいかにお互いの考えを補完し合っていたのかを示していると言える。もちろんシーモアも心の「内側」について無視していたわけではないが、彼の主眼はあくまでも実際の人々が置かれた状況と、彼のアイデアがどのように合致するのかというところにあった。このアイデアを一般性のある原理としてまとめたのはマーヴィンであった。マーヴィンはいつもこの原理を説明・証明しようとし、また頭の中でプログラムを書いて、いろいろな状況や経験をシミュレートしていたのである。

マーヴィンは機械を設計することに情熱を持っており、そのことは
シーモアが行っていた子供との共同作業にまで広がっていた。Logo
言語を実行し、そこから作り出されるアニメーション・グラフィック
スの描画もできる専用コンピューターを作った。また、子供が音声に
関する実験を行えるように、Logoから制御できる4声同時演奏可能な
シンセサイザー（ミュージック・ボックス）も作成した。マーヴィン自
身は実際の教育現場を研究題材とすることはなかったが、子供がどの
ように学習するかということには深い関心を寄せていた。この本にま
とめられた驚くべき深みを持つエッセイは、シーモアが残した教育に
関する著作への補完的な視点を提供しているのだ。

マーヴィンとシーモアと私、そして子供とコンピューター

　私がマーヴィンと初めて会ったのは、1962年の秋、彼がMIT AIグ
ループの所長だった時である。それは、ジョン・マッカーシー（John
McCarthy）がスタンフォードAI研究所の所長となるためにこのグルー
プを離れたすぐ後のことであった。私はプログラミングを習いたいと
思っていたのだが、その時代の女性にできる範囲内でということで、
マーヴィンの秘書となったのである。そこで、マーヴィン、学生たち、
研究所にたむろしていたハッカーたちから、コンピューターやプログ
ラミング言語、そして業界での論争の種となっていることについて
習った。さらに、ジョン・マッカーシーが設計したLispというプログ
ラミング言語についても習うことができた。その後、私は研究グルー
プを離れ、1966年にボルト・ベラネク・アンド・ニューマン社（現
BBNテクノロジーズ社）に入社し、ウォリー・フォイヤーザイグ
（Wally Feurzeig）の教育グループに参加した。シーモアはすでにウォ
リーのコンサルタントとして協力関係にあった。

シーモア・パパートは南アフリカ生まれで、ジャン・ピアジェとの共同研究を終えて、1963年の終わりにMITにやってきた。ピアジェは発生的認識論（genetic epistemology）の高名な学者であり、「子供たちは、彼らなりの理論を持って自分たちの周りの世界を理解しようとしている」ということを示したことで知られている。子供は、自身の知識と経験によって彼らなりの理論を形作り、その理論はその子供の成長とともに変化していく。パパートの原理は、もちろんここでも適用されていることに注意してほしい。マーヴィンは、素晴らしいサイバネティクス研究者だったウォーレン・マカラック（Warren McCulloch）の助けも受け、シーモアがMITコミュニティーに参加するための手はずを整える役を担ったのである。これが、マーヴィンとシーモアの長く充実した共同研究の始まりであった。

　私はマーヴィンとシーモアの両者と、コンピューターとその教育目的活用に関する共同研究を行い、子供のためのプログラミング言語であるLogo言語の設計者グループとして、一番最初から活動した。Logoは1960年代後半に、まずはテキスト処理機能だけを持った言語として始まった。子供たちはLogoで単語や文章を操作して、ゲームやストーリー、さらにはプログラミングそのものを教えるプログラムなどを作ったのである。1968年から1969年にかけて、シーモアと私は7年生※2に、通常の数学とは違うコンピューターの数学を教え始めた。

　1968 ～ 1969年度が終わった後で、MIT AIラボ内のグループとしてLogoグループが結成された。同時期に、シーモアから「子供にとって

※2　訳注：日本での中学1年生に当たる。秋に始まり夏に終わる米国の学年制度のため、この項ではしばしば年をまたぐ形で年度が示されている。

の考えるための道具として、単語や文章ではなくもっと具体的に手や目で感じられるものを扱えた方がよい」という方針が打ち出された。ここから物理的なロボットや、画面上のグラフィックスとしてのタートルが生まれたのである。私たちは、それぞれを「フロア・タートル（floor turtle）」および「ディスプレイ・タートル（display turtle）」と呼ぶことにした。マーヴィンは最初のフロア・タートル作成に関わり、またLogoから制御できる4声ミュージック・ボックスも作成した。

シーモア・パパートとシンシア・ソロモン

　1970 〜 1971年度にシーモアと私は5年生を教え始めた。この時はディスプレイ・タートル、フロア・タートルとマーヴィンのミュージック・ボックスが使える新しいバージョンのLogoを使った。新しいLogoを使って、子供たちは計算、文の作成、線による描画、そのアニメーション、そして音楽作りという活動ができた。1972年までには、さらにDEC社のPDP-11※3上でタイム・シェアリングで動作す

※3　訳注：1970 〜 80年代に販売されており、特に大学で人気のあった16ビットコンピューター。

る、完全に新しく作り直されたLogoがグラフィックス端末上で動作するようになっていた。

　その頃は、価格が高く希少だったために、ハードウェアの入手が困難であることが問題となっていた。そこで、1972年にジェネラル・タートル（General Turtle Inc.）という会社を設立し、独自にタートルとミュージック・ボックスを製造することにした。マーヴィンがLogoタートル・グラフィックス用コンピューターを作るというアイデアを思いつき、そこで作られたのが、2500と名づけられた、ベクター・グラフィックス機能を持ったコンピューターと、それをLogoから使えるようにする拡張機能であった。これは1970年代中盤のことで、アルテア（Altair）のような新しい世代のスタンドアローンのデスクトップ・コンピューターが世に出てきつつある頃だった。

Logoを教えるシンシア・ソロモン

　マーヴィンとシーモアと私（そして他数名の仲間）は、1980年に別

の会社を設立することになった。このロゴ・コンピューター・システムズ（Logo Computer Systems Inc.）の最初の仕事は、Apple II向けのLogoを作ることであった。このグループのメンバーは大多数がMITのLogoグループから来ており、私はこのグループのリーダーになった。私はタートル・グラフィックスの入門書も執筆した。

マーヴィンと私

私にとっての次の仕事は、アラン・ケイの庇護のもとアタリ・ケンブリッジ研究所（Atari Cambridge Research Lab）を設立することであった。ロゴ・コンピューター・システムズのボストン・オフィスは閉鎖され、ほとんどのメンバーは私とともにアタリに移った。アタリでの目標は、「未来のプレイステーション（PlayStation※4）」を作ることであった。ロゴ・コンピューター・システムズのメンバーの最重要課題はApple Logoを製品として世に送り出すことだったが、この目標はすでに達成されていたので、私たちはLogo言語とその環境をまったく新しい発想で考え直すところから始めることができた。マーヴィンは研究所のアドバイザーとして重要な役割を果たした。

メンバーの多くは過去にお互い仕事をともにしたり、マーヴィンやシーモアとも共同で仕事をした経験があった。私たちは新しいオブジェクト指向Logoを開発し、カラー・ベクター・グラフィックス、アニメーション、そして音楽作りのモジュールを追加するという目標を設定した。私たちの研究では、フォース・フィードバック※5付きのジョイスティックや、おそらく世界初の感圧式スクリーンの実験な

※4　訳注：ソニーのゲーム機の名前として使われる前から、アラン・ケイはこの語を使用していた。
※5　訳注：ゲームコントローラーなどの入力装置の付加機能の1つ。ユーザーの操作や画面内の状況に連動して、振動や抵抗を加えるもの。

どもした。

　ロゴ・コンピューター・システムズのモントリオール・オフィスでは、アタリ製コンピューター用の製品版Logoが開発された。マーガレット・ミンスキーと私は、日に日に充実していたAtari Logoでの面白いプログラム集を本にまとめることにした。本書のエッセイ1は、その本のためにマーヴィンが書いてくれたまえがきである*5。

　アタリ・ケンブリッジ研究所は華々しい成果を上げていたのだが、結局は2年しか続かなかった。ただ、閉鎖された頃にちょうどMITメディアラボがオープンするというタイミングが重なったこともあり、マーヴィンとシーモアはメディアラボ開設時からの教授となった。

　私は博士号を取得し、児童教育をするために彼らとは別の道を歩んだ。しばらく後に、マーヴィンと私はOne Laptop per Child（OLPC）という、子供とコンピューティングのためのプロジェクトで再び協働することとなった。OLPCはニコラス・ネグロポンテ（Nicholas Negroponte）、シーモア、そして他のパートナーが設立した野心的なプロジェクトであり、発展途上国の子供たちが自主的に向学心を伸ばせるように、学齢期の子供一人ひとりにラップトップ・コンピューターを所有させることが目標であった。OLPCに対するマーヴィンの貢献の1つは、教育に関する一連のエッセイを執筆したことである。エッセイ2から6がそれに当たる。

本の製作過程

　マーヴィンは多くの著作物を彼のウェブサイトで公開していた。多くのものは他の形でも出版されていたのだが、教育に関するエッセイは、今現在はアクセスできない媒体で公開されていた。エッセイ1が

はじめに

書かれた本は絶版となっており、OLPC向けに書かれたエッセイ2から6までは、多くの人の目に触れることはなかった。現在、コンピューター・サイエンス教育への期待が高まっている中、これらのエッセイの重要度は今までにないくらい増していると言える。そこで私は、それぞれの分野の代表的な思想家を招いて、マーヴィンのエッセイに対するコメントを書いてもらうことにした。彼らは教育者であったり、コンピューティングとAI研究の先駆者であったり、そしてみなマーヴィンと個人的に親しかった人々である。ここでそれぞれの人を紹介したい。

アラン・ケイは、1968年に初めてマーヴィンと出会い、シーモアとマーヴィンが温めていた子供の学びに関する考えに魅了された。その年のうちにアランは、私たちが7年生に教えていたLogoによる数学の授業を参観したのである。1970年にはゼロックス・パロアルト研究所 (Xerox PARC) においてSmalltalk※6、Altoコンピューター、そしてDynabook※7の開発を始めたが、その年にもシーモアと私が教えていた5年生の教室を訪問し、子供たちがストーリーを作ったり、フロア・タートルやディスプレイ・タートルをプログラミングしたり、絵やアニメーションや音楽を作っているのを目の当たりにしていた。彼のSmalltalkシステムは、グラフィックス、アニメーション機能、音楽、そしてデバッガーやエディターという、Logoに触発された機能を持っていた。

1982年に、アタリ社のチーフ・サイエンティストであったアランから私は、アタリ・ケンブリッジ研究所をMITの近くに設立するこ

※6　訳注：Dynabookのソフトウェア部分を試作するために使われたプログラミング言語。
※7　訳注：携帯可能でネットワーク接続されたコンピューターを通じて種々のサービスを提供することにより、新たなリテラシーを人類にもたらすことを目指した構想。

とを依頼された。この研究所が1984年に閉鎖された時、アランは他の3名とともに、設立されたばかりのMITメディアラボのメンバーとなった。マーヴィン、シーモアとともにメディアラボの設立時からの教授であり、アランは彼らと非常に近い関係を保ち続けた。

ハル・エーベルソンは、MIT AIラボのLogoグループが1969年に設立された時に参加したメンバーであり、タートルとタートル幾何学に多大な貢献をした。彼は教授として、マーヴィンの素晴らしい学部生・大学院生であったジェラルド・サスマン（Gerald Sussman）とともに、MITの初級プログラミング・コース6.001※8を生み出した。AIラボのメンバーとして、ハルとマーヴィンはお互いを啓発し合い続けた。

ゲイリー・ステーガーは、子供の代弁者として素晴らしい活動を続けている。ゲイリーは1980年代初頭から、種々の著作物や子供とのワークショップの開催により、Logoコミュニティーに多大な貢献をしている。彼の仕事はシーモアと緊密な連携を取って行われていた。彼はまた、シーモアが行っていた、メイン州少年鑑別所プロジェクトの教師として中心的な役割を果たした。そこでは生徒たちが、プログラミングにより多様な作品を作ったり、内省的な文章を執筆したり、ロボットを使った作品などを生み出したりしたのである。ゲイリーが主催している「現代的知識を構築する（Constructing Modern Knowledge）夏休みワークショップ」は2017年に連続10年目を迎えた。このワークショップにマーヴィンは最初の8年間参加し続けた。そこでは参加者

※8　訳注：コンピューター科学科で行われていたプログラミング入門講義。ここで使われていた教科書は『Structure and Interpretation of Computer Programs』（略称SICPで知られる）として、1985年にMITプレスから刊行された。日本語版は2014年5月に翔泳社より再版。
『計算機プログラムの構造と解釈　第2版』（ジェラルド・ジェイ・サスマン、ハル・アベルソン、ジュリー・サスマン著、和田英一監訳／翔泳社刊／2014年）

が一晩をMITメディアラボで過ごし、マーヴィンに数時間にわたってありとあらゆる質問をするというセッションが持たれていた。

ブライアン・シルバーマンは、MITの学部生時代にダニー・ヒリス（Danny Hillis）とともに、ティンカートイの部品だけで「マルバツ（Tic-Tac-Toe。三目並べ）」の最善手を計算するコンピューターを作った。彼は、ダニー、マーガレット・ミンスキー、そして他のMITの同級生とともに、マーヴィンとは長時間にわたって議論をした経験がある。1970年後半からブライアンは、Logoの研究・開発に深く関与するようになった。ロゴ・コンピューター・システムズの中心的プログラマーとして、Atari Logo、LogoWriter、MicroWorldsを含むさまざまなバージョンのLogoを実装した。彼はシーモアと緊密に連携し、ミッチェル・レズニック（Mitchel Resnick）のScratchプロジェクトや、関連するハードウェア作りにも協力した。彼とアーテミス・パパート（Artemis Papert）は、TurtleArt[※9]と呼ばれる、プログラムに基づく美術的表現メディアの作成および普及のために活動している。

ウォルター・ベンダーは、マーヴィンの友人であり、マーヴィンの著作物に深く触れた人である。ウォルターは、MITメディアラボの前身であったネグロポンテのアーキテクチャー・マシン（Arch Mac）グループに所属していた。彼は後にMITメディアラボ所長となり、OLPC事業の取りまとめを数年間行った。これらの活動を通じてウォルターはマーヴィンを深く理解し、仕事をともにするようになった。OLPCに向けてエッセイを書くようにマーヴィンに頼んだのは、ウォルターだったのである。

※9　訳注：https://turtleart.org/

パトリック・ヘンリー・ウィンストン[※10]がマーヴィンと特別な感覚を共有していたことを、私は知っている。パトリックはマーヴィンに関して、他の人にはだいぶ時間をかけないとわからないことが、本能的に理解できているようであった。マーヴィンと会話をしている時にみんなが経験するのは、彼が長い時間座り続けてはいられず、話の途中で突然立ち上がってオフィスや台所の方に歩いて行ってしまうことである。一部の人は、マーヴィンが会話にうんざりして去ってしまったのかと思い、混乱しつつ彼が戻って来るのを待つ羽目になるが、パトリックはすぐに一緒に立ち上がり、マーヴィンの側について一緒に歩いて行く。パトリックがマーヴィンの大学院生だった時には、「学位をちゃんと取りたいんだったら、マーヴィンの後をちゃんと追いかけなくちゃ」と周りの人にも冗談を言っていたそうである。いやはや、パトリックはマーヴィンを本当に追いかけ続けたのだ。パトリックのAI初級コースはマーヴィンのAIセミナーへの導入編という役割を果たしており、物語理解の研究であるパトリックのジェネシス（Genesis）プロジェクトは、AI研究の中で重要な分野に継続性を持って挑んでいる。もちろん、そのプロジェクトはマーヴィンの理論を出発点としている。

マイク・トラバース。私はメディアラボで、マーヴィンに師事したマイク・トラバースにイントロダクションを書くように依頼した。マイクは、マーヴィン死去の報を受けたすぐ後で美しいエッセイを書き、ブログに投稿した[*6]。私は、マイクの文からマーヴィンの息づかいを感じた心地がした。この本のイントロダクションにも、彼はもちろん期待を裏切らないものを寄稿してくれた。

※10　訳注：2019年7月に逝去。

マーガレット・ミンスキー。マーヴィンの長女であるマーガレットは、この本が作られていく時の裏方として決定的な役割を果たしてくれた。彼女は熱意を持って応援してくれ、どんな時でも批評・編集を頼むことができた。彼女の「おわりに」には、マーヴィンに関する深い理解が反映されている。もちろんその理解とは、AI研究者としてのものだけではなく、教師、音楽家、そして家族としてのものも含めてである。

マーガレットは、研究キャリアの初期にはMITメディアラボのLogoグループ、ロゴ・コンピューター・システムズ、そしてアタリ・ケンブリッジ研究所の活発なメンバーであった。これらの場所で、この本の他の寄稿者とともに仕事をした。マーガレットはこうしたグループで培われたカルチャーをアタリ研究所での触覚インターフェイスの研究に活かし、今では学習・即興性・思考に関するマルチメディア作品を作るという活動を進めている。彼女は近年、テクノロジーとの身体的交流を通じて認知的・社会的・物理的な幸福を目指す研究に携わっている。

シャオ・シャオ(萧潇／ **Xiao Xiao**)は、元々はイラストレーターとしてこの本に参加したのだが、途中からは編者の1人として欠かせない存在となった。彼女はMITメディアラボでマーヴィンと仕事をともにした。彼女はピアノとプロジェクターを使い、あたかも仮想的な手が物理的な楽器を演奏しているかのようなイメージを作り出すシステムを作った。マーヴィンはこのシステムの実験台となった演奏者の1人であった。シャオ・シャオはマーヴィンの居間でしばしば開かれたサロンにも参加した。後にはマーヴィンの家を毎週ゲストとして訪れ、マーヴィンのために、そしてマーヴィンとともにピアノを弾いたのである。私は彼女がスケッチブックに描いていたものをマーヴィン

の居間で見た時に、彼女にこの本のイラストを描いてもらうことを思いついたのである。

マーヴィンと教育

　この本で取り上げた6本のエッセイには、子供・学習・学校、そしてコンピューティングに関するマーヴィンの知恵が込められている。コンピューターは算数のような普通の教科で使うための単純な道具にとどまらず、子供が考えることについて考えるための機会を提供するものであると、彼は強調している。これを実現するやり方として、マーヴィンは子供に、「自分自身がプログラムで動くコンピューターであるかのように考えてみよう」と促してはどうか、とエッセイ4で提案している。例えば、私が教えたLogoのクラスでは、子供がタートルのふりをしたり、プログラムと自分自身の頭の中にあるバグを集めるような研究者になりきってみたり、デバッグのための手順を話したり、時にはバグも機能となりうるということを考えていた。

　マーヴィンによる、現代でも通用する鋭い指摘として、教育現場では「独創性を奨励するのではなく、失敗を防ぐことに重点を置いている」ということが挙げられるだろう。子供に単純な計算を教える時を例に挙げ、「このようにネガティブ面が強調されると、計算問題を嫌うようになるだけにとどまらず、後に同じ匂いのする技術すべてを避けようとするようになる。もしかしたら、長期にわたって、記号的表現への嫌悪感といったものにつながるかもしれない」（エッセイ2）と疑念を呈している。

　これらのエッセイが現在の学校・コンピューター・学習の議論と大きな関連を持っているのは不思議ではない。本書の読者は、これらの

問題について考えたことがあるのではないかと推察するが、マーヴィンはそこに新たな視点を与えてくれている。読者の皆さんには、他の著者や研究者から提供されている同様の議論あるいは反論もまた検討していただきたいと思う。さて、マーヴィンの考えを楽しんでみようではないか。

イントロダクション

──マイク・トラバース

> 手持ちのアイデアがどうもしっくりこない時は、その問題の専門家の誰かのことを思い出して、その人ならどうするか思い浮かべてみよう。
>
> ──マーヴィン・ミンスキー(エッセイ4)

　人々は往々にして、天才とはどんな人であるかという先入観を持っているものである。その先入観によれば、天才とはごく一部の人に天から与えられる神秘的な才能であって、他の人には手が届かない説明不可能なもの、というような感じだろう。マーヴィン・ミンスキーが誰もが認める天才であったことは間違いないが、彼の天才の本質は、この「持って生まれた才能と適性、そしてそれにまつわる神秘性」という考えに正面から疑問を投げかけたところにあった。人間の心、あるいは他のどんなものであれ、説明不可能なものがあるという考え自体が、マーヴィンにとっては侮辱であり、知性への挑戦だったのである。

　マーヴィンは人工知能研究で最も有名だが、彼の知性は別方面でも数多く輝いていた。彼は発明家、数学者、そしてミュージシャンとしても名を知られていた。彼の成功の秘訣(ひけつ)は、人間の心を機械的な性質を持つものとして捉え、それがどのように機能しているのかという問題について、おびえることなく真正面から立ち向かったことにある。実際のところ、おびえるどころか、そこに喜びと興味を感じていたと

さえ言えよう。そのため彼には、紋切り型の人間中心主義者(ヒューマニスト)とは相容れない面もあったが、彼はそのことを気にとめなかった。もちろん、マーヴィン自身には非人間的なところはまったくなかった。それどころか、とても温かみがあって人当たりがよく、どんな人とも心を開いて対話できるような人物だった。例えば、彼は`comp.ai.philosophy`のようなUsenetのニュースグループで、どんな学術的バックグラウンドの人であろうとも、人工知能に関して活発に議論していた。

マーヴィンの独特な才能は、自分自身および他の人の心理プロセスを内省的に検討し、その働きを説明しうるメカニズムを考え出せるところにあった。そして、彼はこの能力を自分自身だけではなく、学生・教師・友人の心理プロセスに適用したのである。心理的機構が巧みに動作する様子を楽しみ、それをモデル化することを追い求め、自己心理の内省的理解を他の人々にも勧めたのである。

マーヴィンはコンピューター・テクノロジーと人工知能の大家として最も知られているが、この本に載っているエッセイは、デジタル・テクノロジーや、さらには一般的なテクノロジーに重点を置いていない。この本の主眼は学習心理学、そして学習能力のあるシステムについてである。マーヴィンは学習能力のあるコンピューターを設計・開発しようと努力していたわけだが、彼の着想の出発点は実際の人間の心理であり、この本のエッセイはそこでの考察に基づいて、教育改革の方針を具体的に提案したものである。コンピューター技術を用いた提案も一部あるが、それでもコンピューターを中心に据えているわけではない。テクノロジーはあくまでもより深い理解をもたらすための道具であり、プログラミングは心の働きに関するアイデアを記述するのにたまたま一番便利だった、というだけのことである。

ミンスキーが最後に出版した2冊の本、『心の社会』と『ミンスキー博士の脳の探検』は、彼の数十年にわたる研究・教育活動で得られたアイデアを抽出し、生物的な心および人工的な心が持っている構造の可能性について考察したものである。どちらも簡明かつ具体的で強力なアイデアに満ちていた。高度に技術的な本でありながら一般向けの用語を使っているために評価が割れていたが、マーヴィンはここでも既存の枠組みを軽く飛び越えてしまっていたのである。

６本のエッセイの位置付け

　この本に掲載されたエッセイのうち5本は、マーヴィンがOne Laptop per Child（OLPC）プロジェクトに関わる中で生まれてきたものである。OLPCは、コンピューター技術を世界中の子供たちに届けるという遠大なプロジェクトであった[*1]。マーヴィンには、教育界が他の分野よりもさらに時代遅れの考えにとらわれたままのように見えていたので、このプロジェクトは、教育界に根付いてしまっていた悪しき習慣を改善するための良い機会と考えたのである。例えば、エッセイ5では、広く浅くという一般教育の方針は見当違いであり、子供たち一人ひとりが情熱を持っている課題をそれぞれが深く追い求め、それに特化することを許す環境こそが子供のためになるはずだ、という提案が骨子となっている。

　実現性はともあれ、この提案はマーヴィンが学びをどう捉えていたかを顕著に表している。マーヴィンにとっては子供とは、知識で満たしていけばよいだけの空の容器ではなく、あるいは大人の不完全な近似形でもなく、それぞれが活発な主体であり、おのおのの心を創り出していく創作者なのである。子供たちは、個人的目標を深く追い求めるために必要となる心理的スキルを磨く必要がある。伝統的な教育は

内容の提供こそすれ、子供たちにより必要なのは、創作者として成長するための方法論と道具なのである。

　マーヴィンは良いものであれ悪いものであれ、アイデアが生み出すパワーというものに非常に気を配っていた。彼にとってOLPCとは、**「子供が自分自身についての理論を作り出せるようにするためのアイデアを提供しうる」**またとない機会(エッセイ6)だったのである。教育モデルの設定という問題において、古代ギリシャの「汝自身を知れ」という格言に呼応するものと言えるだろう。マーヴィンは、コンピューターと計算というアイデアこそが、歴史上いまだかつてなかったほど強力な、自分自身を知るための道具であることを見抜いたのである。現時点では、人類は自己に関する知識革命を起こしうる可能性こそ得たものの、その実現にはまだ至っていない。これらのエッセイは、それを実現するための努力の一部と見ることもできるだろう。

テーマ

　マーヴィンは、互いに関係し合ういくつかのアイデアを発想の中心に据えて、その周りに考えを張り巡らせていった。これらのアイデアは本書に収められたエッセイをはじめ、彼の著作の中で繰り返し使われている。以下、それらについてまとめてみよう。

◎目標が果たす中心的役割

　私たちは、子供たちが聞くのを躊躇してしまうような質問、例えば「私はどうしてここにいて、何をしているの?」というようなものに、うまく答えられる方法を編み出さなくてはならない。

——マーヴィン・ミンスキー(エッセイ2)

人間はたいてい、いつでも何らかの目標に向かって行動して
　いる。

　　　　　　　　　　　　　　　　──マーヴィン・ミンスキー(エッセイ4)

　目標という概念を設定すること、その目標に進んでいくための機械
的な仕組みをデザインすることが、人工知能、そしてその前触れと
なったサイバネティクス分野の出発点となる重要な原理の1つであっ
た。エッセイ6は一般問題解決装置（GPS：General Problem Solver）
という、初期の目標指向アーキテクチャーの紹介も含んでいる。『心の
社会』や『ミンスキー博士の脳の探検』で述べられているマーヴィンの心
理学的理論は、心の仕組みがいかに目標の体系を包含しうるかという
設計図であると見ることもできる。ここで言う目標とは、生得的なも
の、学習されたもの、より複雑な目標の部分目標、複数人の目標、そ
してメタ目標(目標に関する目標)などだ。

　教育においては、目標という概念がさらに特別な役割を持つことに
なる。ある分野を学ぶための、重要ながらもしばしば無視されている
鍵は、**その分野の目標を内在化すること**だからである。例えば、ある
生徒にとって数学を学ぶのが難しいのは、数学というものがその生徒
の個人的な目標の体系と切り離されているからである。教育者は、そ
の分野での知識やテクニックだけではなく、目標同士の関係・構造も
伝えていかなくてはならない。目標の構造とは、その分野で関心事と
なっている一連の疑問と、なぜそれらの疑問が興味深いのかというこ
とを互いに関連付けたものである。生徒にとって、通常の教育現場で
目標の構造に触れる機会はめったにないだろう。例えば生物学の知識
を覚えるだけであれば、その知識を発見した科学者の動機を知る必要
はない。優れた教師ならその分野の目標について説明できなくはない
だろうが、普通は伝える機会を得られないことの方が多い。その結果、

知識の丸覚えばかりで深い動機に触れることがないため、学校の勉強に疎外感を覚える生徒を生み出してしまう。

　目標を重視すると言うと、頭を使わず脇目も振らず前に進むことなのだと思う読者がいるかもしれないが、マーヴィンの考えはそのまったく逆である。マーヴィンはエッセイ6で以下のように述べている。

　　物事を学ぶというのは、うまくいくやり方を知るだけではなく、失敗が目に見えた時にどうするのかについての知識を得ることでもある。私は、『ちびっこきかんしゃだいじょうぶ』※1の中で、「きっとだいじょうぶ、きっとだいじょうぶ」と、主人公がむやみに繰り返すのが気に入らない。「そろそろやり方を変える時かもね」と言った方が、どんなつまずきでも精神的発達の新しい段階に入る良いチャンスを提供してくれるという意味で、より良いモットーかもしれない。

　マーヴィンの見解では、賢さとは目標を持つというだけではなく、目標そのものを一歩下がったところから見て、必要に応じて変更を加えられることである。

◎部品から全体へ
　ここでのミソは、少ない種類の部品からいかに多様なものが生まれてくるかを理解することである。
　　　　　　　　　　　　　　　　　——マーヴィン・ミンスキー(エッセイ1)

※1　訳注：原題は『The Little Engine That Could』。ワッティー・パイパー(Watty Piper)著。

ミンスキーは子供時代に感じた組み立てキット（ティンカートイや
メカノなど※2）の魅力を詳しく語っている。これらのおもちゃで遊ん
だ経験から、単純な部品であっても上手に組み合わせればどんなに複
雑な構造物でも作り出すことができ、またその構造物全体の性質は使
われた部品の性質からは独立している、という知見が導かれている。
この性質は、脳と心とコンピューターにも適用できる。コンピュー
ターに関しては、中にどのような部品が入っているのか、それぞれの
部品の動作と関係性、そしてシステム全体の性質についても正確に理
解できているところに違いはあるが。

　プログラミング言語もまた、子供が独創的な方法で部品を組み合わ
せられる組み立てキットであると言える。LogoやScratchのようなシ
ステムは手続き的なティンカートイのようなもので、子供は探求やモ
デル作り、発見を新しい動的な方法で行うことができる。

　ティンカートイで作ったコンピューターでも、電子回路からできて
いるものとまったく同じような処理を行うことができる。このことか
ら、人間の心理プロセスを実現するようなコンピューターも、適切な
作り方さえ発見できれば作れるはずだと想像できる。つまり、多くの
部品からなるシステムにおいては、それぞれの部品の物理的な性質で
はなく、部品の組み合わせ方が重要だということである。

　計算の万能性と部品の特性からの独立性、プロセスの実効的作用と
計算との等価性、つまりは心理的な活動と計算との等価性というアイ
デアはどれも深く強力で、また時には論争を生むようなものでもある。
教育に関する議論においては、私たちは必ずしもすべての疑問に答え

※2　訳注：ティンカートイ、メカノについてはそれぞれ53ページ、57ページを参照。

を見つける必要はないだろう。ただ、子供に自分自身のものの考え方をモデル化できるような道具を与えることで、どんなに小さな子供であっても、そうした基礎的な問題に取り組ませることができるようになる。

◎人々の心

高次の目標を設定するには、社会的なプロセスが決定的に重要である。マーヴィンはこの分野においても洞察力のある鋭い意見を持っていた。まずは彼が発明した用語「**インプリマ**」(ある人の根本的な目標や価値観に影響を与えうる人。エッセイ4を参照)について考えてみよう。インプリマが重要なのは、親や教師、あるいは生徒仲間のような誰であれ、学習者の設定する目標に影響を与え、その目標に向けて心の活動すべてを集中させ駆動させるからである。

マーヴィンが学習の社会性について強調していることは、個人の心理的機能を強調する考え方に慣れている人(人工知能方法論の標準的な立ち位置でもある)にとっては驚きをもって迎えられるかもしれない。マーヴィンの時代の人工知能研究では、確かに社会環境における学習と知性についてはそれほど強く注目していなかった。しかしマーヴィンは、その時代の計算能力に制限があったからといって、未来を見据えた心の理論構築をあきらめるような人ではなかった。最近では、社会的な目標伝播という概念が、(AIが人類の能力を上回るという)AIの存在意義を問うような問題に対して、そうしたリスクを低減させる「価値の調整」(value alignment)として、再び注目を集めている[*2]。

ネットワークを使った現状打開

OLPCのビジョンは、子供たちのためのコンピューターを作ることだけではなく、子供たち同士、そしてより広い世界の文化と触れ合う

ネットワークを提供することも含んでいた。それは知的活動に興味の
ある子供たち(一般的な学校では、しばしばいじめの対象になったり疎
外されたりしている)にとって、遠くにいる助言者や友人を見つけるた
めの良い機会であると、マーヴィンの目には映った。このビジョンは、
後に発展したオンライン・コミュニティーである程度は満たされてき
ている[*3]。そのようなコミュニティーとして、MITメディアラボのライ
フロング・キンダーガーテン・グループによるScratchプログラミ
ング環境が挙げられる(http://scratch.mit.edu)。

多様性

> 何通りかの方法で理解するまでは、何かを理解したとは言えな
> い[*4]。
>
> 物事の表現方法を複数知っておくと、ある1つの方法で行き詰
> まった時に他の方法に切り替えることができる。
> ──マーヴィン・ミンスキー(エッセイ5)

　個人の心は多様で異なる部分からなっており、それぞれの部分がそ
れぞれに向いた考え方を用いている。その組み合わせは各人で異なる
ため、自分に向いた認知的なスタイルを個々に確立していく必要があ
る。

　標準的ではない問題解決の方法を新しく発見することは、物事を学
ぶ上で本当に素晴らしいことであり、標準的な教育方法では、「正しい
やり方」を教えることにとらわれて、新しい手法を作り出すような創造
性が抑圧されがちだということを、マーヴィンは繰り返し述べている。
構築主義的(constructionist)教育のモデルでは、学習者に組み合わせ
可能な部品を十分なだけ提供することによって、より広い問題解決方

法の探求促進を狙っている[*5]。

内省の重要性

> 人は、自分が考えているということを考えることがある。(中略)
> 私にはこの「自己内省的」なプロセスこそが、新しい考え方を発展
> させるために人々が使っている根本的なものであるように思える。
>
> ——マーヴィン・ミンスキー(エッセイ6)

　もしマーヴィンが使っていたいくつかのテクニックをまとめるような大統一理論的アイデアがあり(マーヴィン自身は、そんなものはないと言うだろうが)、それを使えば教育の改善方法に関する見識を生み出せるようなものがあったとすれば、それは内省、つまり「考えることについて考える」のが非常に重要だ、ということだろう。人間誰しも、自分がどうやって考えているのかを考えている。それが人間を人間たらしめているからである。もちろん、私たち自身に関するアイデアで的を射ているものはなかなかないので、改善の余地はまだ大いにあると言えるが。

　ミンスキーはコンピューターが内省のための道具になりうると思っており、また内省をする時にヒューリスティックに名前を付け、教えることができるとも考えていた。教育におけるコンピューターの役割は教師や図書の置き換えにとどまらず、モデル、特に自己言及的なモデルを作るための言語や道具になりうるのである。ミンスキーとパパート、そして大勢の後継者たちがこのビジョンを実現しようとした。その結果は算数のテストの点数には表れなかったかもしれないが、プロセス、システム、そして自分自身のことを深く考えられるような子供が育ったのである。

結論

　デジタルテクノロジーは世界をすでにいろいろな意味で変革し、その変革はまだ続いている。ただ、人工知能研究の黎明期に得られた知見が見落とされているように思われる。その知見とは、人間の思考を計算とみなして表現しようとするのは、ゲームやウェブサイトを作る役に立つだけではなく、世界と心を理解するための非常に強力な知的ツールでもあるということだ。

　計算論は、モデルを作るための洗練された言語を提供し、それは子供や一般の人でも利用可能である。ここでの成功の秘訣は、子供たちに、自分自身がコンピューターならどう考えるかということを考えさせ、コンピューターもまた人間のように考えることができると考えさせることだ。マーヴィン（そしてシーモア）にとって、この考え方は単に理にかなっているというだけではなく、新たな見識を強力に**生成し続けられる仕組み**だったのである。言うまでもなく、この考え方は一般的な文化的先入観、つまり機械は本質的に非人間的であるというもの、と対立する。何かを機械的だと言う時、一般的には「本質的に非人間的」というニュアンスを伴っている。マーヴィンはこの二分法に人生をかけて反論を続け、いかにして思考能力のある機械を作るかということに仕事人生を賭けたのである。

　人工知能の夢を追う理由はいくつかあるだろう。科学的なもの、経済的なもの、あるいは生命と知能を新しい形で複製していくということに対する情熱などが挙げられる。しかし、本書のエッセイの中では、ある目立たない理由がさりげなく述べられているように思われる。それは、心に関する常識のほとんどすべてが、箸にも棒にもかからない

くらい間違っており（例えば「意志の力」「自由」「意識」「先天的能力」）、その間違いからくる制限のために、私たちは不必要な不利益を被っているのではないかということである。計算に基づくアイデアは根本的に違うやり方で私たち自身を観察することを可能にするはずだが、人間が自己内省するための道具としては、その力はまだまだ解き放たれていない。このアイデアをより多くの人々、特に子供たちや学習者の手にもたらすことは、もしかしたら人類の進歩にとって最も重要なことの1つではないだろうか。

ESSAYS BY MARVIN MINSKY

マーヴィン・ミンスキーのエッセイ

THE INFINITE CONSTRUCTION KIT

無限の組み立てキット

　大人たちには近頃心配事が多い。彼らは、人々がコンピューターを使えるようになるにはどうやって教えたらよいのか迷っている。世の中の人すべてに「コンピューター・リテラシー」を持ってほしいと思ってもいる。ただ、本来はリテラシーという言葉は読み書き両方のことを意味するはずなのに、コンピューターに関するたいていの本や講座は、プログラムの書き方を教えることばかりに偏っている。さらにひどい例には、コマンドや命令や言語の文法だけを教えるというものまである。残念ながら、良い例題を読ませるようなものはまず見かけな

い。しかしながら、生きた言語というものは単語と文法だけではない。そこには「文芸（literature）」、つまり人々が言語を使って表現するものがあるはずだ。そもそも言語を学ぶのに、文法だけを聞いて終わりということはあり得ず、誰だって最初は興味が持てるようなストーリーから始めるものである[*1]。

　ここでの問題は何かと言うと、そういう大人たちが、コンピューターを今まであった他のものと同様なものとみなして教えようとしていることである。算数では足し算や掛け算の表を覚えさせるのだから、ということで、コンピューターがどうやって2つの数を足すのか、という説明から始めてしまう。すると次には、どうやって足し算を何度も繰り返すのかを教えることになる。このやり方の問題点は、とにかくとてもつまらない、ということである。足し算を延々と繰り返すのはそもそも楽しくないし、そこには興味深いストーリーなどはない。

　数を扱うことに興味を持たせようとする教師たちに文句を言うわけではないが、ここではまず「数そのものに面白みはない」と正直に言ってしまおう。だからこそ、数学者は数が大好きなのだ。興味深い特質

などは何もないということにこそ、何やら神秘的なものを感じるのである。逆説的ではあるが、考えてみればまさにこの性質のおかげで、私たちは数をありとあらゆる目的に使うことができる。花や木や車や恐竜のようにまったく別のものであっても、同じようなやり方で数えると同じ答えになるのはなぜだろうか。これは、数を数えるということが持つ魔法だと言える。つまり、瑣末な部分を取り去ってしまい、面白みもなくし、事物の性質をあとかたもなく消してしまう、ということである。

　何もないところからものを生み出すという意味で、プログラミングというのはまったく逆である。一部の人は、このことに新しさ、つまり何でもしたいことをしてよいという自由な感覚を覚える。「多くのことができる」のではなく、「何でもできる」のだ。もちろん、超光速宇宙船やタイムマシンを作れるわけではないのだから、思い浮かべるだけで何でもできるという意味で言っているのではない。私が言いたいのは、一つひとつの建物から始めて街全体まで作っていけるような、決してなくなることのない積み木セットを子供に与えるようなもの、ということだ。何を作るのかは決めないといけないが、いったん決めてしまえば、その後には外部的な障害物は何もない。障害になるのは自分の中にあるものだけだ。

私自身は、学校に行き始める前にこのことを経験した。プログラミングというものは存在しなかったが、その時にはおもちゃの組み立てキットがあった。ここではティンカートイ(Tinkertoy)について触れてみよう。ティンカートイには棒と車輪の2種類の部品しかない。車輪は木でできていて、棒を通すような穴があり、輪の周囲に外向きの穴が8個空いている。棒は単なる丸棒で、何種類かの長さのものがあり、車輪の穴に挿すことができる(図1.1a)。棒の端には小さな切れ目があるので、穴に挿しやすく、ぴったりと挿さったままで止まるようになっている(訳注：本稿の図の他に、196ページのアラン・ケイのあとがきにも実物の写真が載っている)。

　この車輪と棒だけで「何でも」作り出せるのがティンカートイの不思議なところだ。穴が少しだけ大きくなっている車輪もあり、通した軸を回転させることができる。これで、例えばタワーや**橋**、**車**、**ブルドーザー**、**風車**、そして**大きな動物**なども作れる。作った車に回るタイヤを付けてもよいし、ベアリングやプーリーやギヤを作って面白い動きをさせることもできる。歯車は自分で作らなくてはいけないが、単に車輪に8本の棒を挿すだけで、十分機能する歯車になる。もちろん回転する時にはカッタンカッタンとなって滑らかには回らないが。

棒の長さは2種類に分類できる。基本の長さの**1、2、4、8倍**のものが最初の種類である。2種類目は、最初の種類の棒で作った正方形の対角線の長さとなっている。すなわち、すべての棒の長さは√2のべき乗となっているので、実は最初の種類の軸を2種類目の軸で作った正方形の対角線として使うこともできるわけだ。これにより、頑丈で「筋交い」のある構造を作ることができる(図1.1b)。

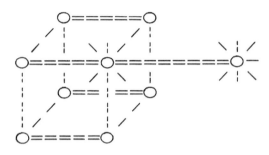

図1.1a

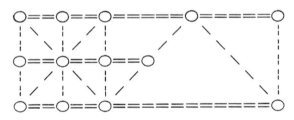

図1.1b

　ここでのミソは、少ない種類の部品からいかに多様なものが生まれ
てくるかを理解することである。まだ小さな子供だった時に、私は
ちょっとした名声を得ることになった。家族でどこか旅行に行った時
に、ホテルのロビーでティンカートイのタワーを作ったのである。ど
のくらいの高さだったのかは覚えていないが、まあ相当に高かったの
だろう。私にしてみれば、三角と箱を作ってはつなげるということを
繰り返しただけだったのだが、大人たちは「こんな小さな子が、こんな
に大きなものを作れるなんて」と、ひどく感心していた。一方私は、大
人といっても、棒と車輪だけでも数さえ十分にあれば、作りたいもの

は何でも作れることは知らないのだな、ということを学んだわけである。この文章を書いている今になって、この話が実際のところ何を意味していたのかわかったように思う。あの大人たちには「棒・車輪リテラシー」がなかったわけだ！

　私の友人であるシーモア・パパートがLogoを発明した時に、私は再び同じような経験をすることになった。Logoには、コンピューターへのコマンドFORWARD 100（100歩進む）があり、これは長さ100の棒のようなものであったと言える。Logoには、RIGHT 90（90度曲がる）という、次の棒を直近に描かれた棒と直角にするコマンドもあった。これは、ティンカートイの車輪のようなものだ。つまり、私はひと目見ただけで、昔からの組み立て仲間に出会ったことに気がついたのである。

　Logoでプログラムを書くことは、組み立てキットでものを作ることとよく似ているだけでなく、実はさらに楽しいものである。さまざまな絵や構造を描けるだけでなく、新しい手続き（procedure）を作ることもできる。言葉を扱うプログラムを書くこともできるし、描いたもの

の形が変わるようにすることもできる。さらには、Logoで作ったあるものの属性が、他のものの属性に従うようにするだけで、一方が他方に反応するようにもできる。もちろん、おもちゃとしては、それなりの欠点もある。Logoで作った車は外に持ち出して坂道を転がすわけにはいかない。その代わりに、部品が緩んで抜けてしまったり、なくなったりすることはないわけだが。もちろん、最も基本的な体験、すなわち単純なものから素晴らしいものを生み出すという感覚は、失われてはいない。

Logoは何年も前に作られたものなので、この本※1の執筆に参加した著者たちの中には、子供だった時にLogoでできる新しいことを発見する手助けをしてくれた者がいる。このエッセイを今書いていると、Logoを通じた冒険がいかに素晴らしかったかということ、そしてその冒険はまだ始まったばかりなのだということを思い出して、大変うれしい気持ちになる。

ティンカートイ以外にも、昔はエレクター(Erector)やメカノ(Meccano)などの良い組み立てキットが売られていた。エレクターはただただ素晴らしかった。部品の種類は多かったが、基本にあるのはたくさん穴の空いた金属製の小片と、いろいろな形の三角ブラケットだけである。これらの部品を、たくさん付いてくる小さなネジとナットで固定してつなげていく。他には長い金属棒も入っていて、穴にちょうど通る太さでくるくると回せるようになっていた。ギヤやプーリーもあって、金属棒と組み合わせ、複雑で実際に動くものを作ることができた。

イギリスから来たメカノは、さらに素晴らしかった。真鍮(しんちゅう)製の本物

※1　訳注："Logoworks: Challenging Programs in Logo", McGraw Hill, 1986

の歯車が入っていて、とても滑らかな回転機構を作ることができた。私はいくらか歳を取った後で、近代的なリモートコントロール・ロボットとしては最初期のものを作ったのだが、その時はメカノの10番セットの部品を使って、最初のMITコンピューター研究所で1940年代に生まれたアイデアを実装したのである。さらに言うと、この本の著者の中には*2、原理に忠実であるという意味で「本物の」コンピューターを、ティンカートイの部品だけで作った者もいる。このコンピューターは「マルバツ」の最善手を実際に計算することができた。今ではどこかの博物館に展示されている※2。このコンピューターは棒と車輪から作られていたわけだが、紐も少しだけ使われており、さらに種明かしをしてしまうと、ばらばらにならないように金属の釘で棒が固定されているところもあった。全部で100セット分くらいのティンカートイが使われていて、普通の部屋よりも大きなものだった。

組み立てキットの黄金時代は、1960年代に終わりを迎えてしまった。その後に出てきたおもちゃは出来が悪く、しかもせこいプラスチックの部品を使っていて、細かい動きをさせられないようなものだった。メカノ社が倒産してしまった時はとても悲しかったことを覚えている。エレクターはまだあるが、金属製のセットを探し求めなくてはならない*3。今現在、最も人気があるのはレゴ（LEGO）だろう。レゴはプラスチックの小さなブロックをはめ込んでものを作る。レゴもLogo っぽいと言えなくはないが、いわばRIGHT 90しかないLogoのようなものだ※3。子供にとってはとっつきやすいだろうが、生み出せる宇宙の広がりは

※2　訳注：2019年時点では、カリフォルニア州マウンテン・ビュー（Mountain View）にあるコンピューター歴史博物館（Computer History Museum）に所蔵されているが、公開はされていない。
※3　訳注：1977年に発売されたLEGO Technicを使えば、さまざまな角度や長さのブロックを使って、高い精度でほぼ何でも作れるようになっている。
https://ja.wikipedia.org/wiki/Lego_Technic

小さい範囲にとどまり、「何でも」作れるという感覚は与えきれない。別の組み立てキットとして、フィッシャーテクニック（Fischer Technik）も挙げられるだろう。これは頑丈な部品をしっかりと接合させることができる。部品の精度が高いので、エンジニアでも使うことができる。ただ、部品の種類が多すぎて、少ない種類の部品から想像の世界を作るというLogoっぽい感覚はない。

　組み立てキットがすたれていくのと同じ頃に、賢い子供たちがもの作りに使えるものも同じ道をたどっていった。車は分解するのが難しくなり、ラジオはもはや分解不可能になった。くだらないプラスチックのはめ込みおもちゃ以外には、もの作りを誰もしなくなっていった。この潮流に気がつく人すらおらず、ちょうどその頃出てきたスポーツやドラッグやテレビといった罪深いものにみなが気を取られていたようだった。でももしかしたら、コンピューターが私たちを元の道に戻してくれはしないだろうか。

　組み立てキットで作ったものは、一度作ったものを全部ばらばらにしないと、部品が足りなくなって次に作りたいものが作れない。プログラムであれば古いものを取っておいて、後でそれを元に、さらに大きなものを作っていける。現在のコンピューターではメモリ不足で作れないようなものでも、メモリはいずれ非常に安価になるので、将来の子供にとって問題とはならない。自分のプログラムを手元に残したまま、友達にコピーを送ることさえできる。歴史上の偉大な王様であっても、ここまでの富は夢見ることさえできなかっただろう。ただ、いまだに大人たちは、このようなことを語ったり、子供たちに考えさせたりするだけの語彙を持ち合わせていないようである。小さな子供たちが「表現」や「シミュレーション」や「再帰手続き」についてしゃべっていても、大人たちにはいったい何が起こっているのかさえわからな

い。許してやってくれ。大人たちは目の前の手持ちの問題だけでいっぱいいっぱいなのだから。

　コンピューターとは何か、何ができるものなのかを理解したかったら、ビットとかバイトとかスイッチのオン・オフによる判定（訳注：binary decision）とか言い出す人に耳を貸してはならない。彼らが言っていることが嘘だというわけではない。ほとんどのコンピューターはオン・オフ・スイッチでできている。ただ、「コンピューターで何ができるのかを理解するためには、そこから押さえていかないと」という発想が、間違っているのだ。建物は木と石で作られているということは正しいかもしれないが、それでは建築に関する理解は得られない。動物は水素・炭素・酸素・窒素からできているかもしれないが、その知識だけでは生物学の理解は得られない。

　火星人スズニーチ（訳注：著者による造語「szneech」）と精神感応したことがある。スズニーチは、文芸とは何かについて知りたがっていた。私は、文字を並べて単語にし、その単語を並べて文を作り、空白を適宜入れて単語の区切りがわかるようにするのだと言った。スズニーチは「ああ、わかった」と言ったも

のの、「じゃあ、文字は何なの？」と聞いてきた。それで私は、文字というのは小さな点々を並べたもので、点々がたくさんあれば結局のところ何でも作り出せるのだ、と伝えておいた。

　次に対話した時にスズニーチは、トラとは何かについて知りたがった。私は、トラは概ね水素と酸素からできていると言った。スズニーチは「ああ、わかった」と言った。「何でトラはそんなによく燃えるのか知りたかったんだ」と。最後に対話した時には、スズニーチはコンピューターについて知りたがった。私がビットやスイッチのオン・オフによる判定について教えたら、スズニーチは「ああ、わかった」と言った。

コンピューター・プログラムの社会

　コンピューターによる計算について理解するには、他に2つの事実を知る必要がある。1つは、大きなプログラムを作るという営みは、大きなプロセスをより小さなプロセスから作っていく、ということである。「彫刻家というのは、小さな粘土の粒をくっつけていって大きな形にしていく」と真面目に言うこともできるかもしれないが、それではビットやバイトによるコンピューターの説明と同じ間違いを犯すことになる。実際の彫刻家でこのように考える人はいないわけで、科学者やプログラマーも同じことである。建築家はまず形を捉えることを考え、それから壁や床のことを、そして最後にようやく、それらをどうやって作るのかを考える*4。

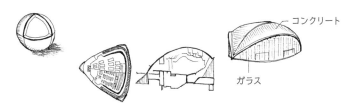

コンクリート

ガラス

知っておくべきもう1つのアイデアは、Logoユーザーには自明であっても、ほとんどの人が理解していないものだ。それは、個々の部品の性質は最終結果にはあまり影響を与えない、ということである。もし違う種類の部品から作られた違う種類のコンピューターであっても、高いレベルから見た時に同じ動作をするように作ることができる。大きな風車を、木の棒からでも金属の梁からでも作れるのと同じことだ。注意深く見れば木と金属では、作られた部品に大きな違いがある。しかし高いレベルから見れば、どのようにして作った風車であれ、基礎部分があり、塔があって、そこに羽根車が付いているという点は同じである。このことはコンピューターにも当てはまる。

　どんなコンピューターも、他のコンピューターが実行できること、あるいは、何らかの「プロセスの社会（Society of Processes）」※4が実行できることであればすべて、それが動くようにプログラムすることができる。

※4　訳注：プログラムを構成するプロセスが複雑に関連し合って動作している様子を、「社会」という言葉で表現している。

　たいていの人は、このことが信じられないようだ。「コンピューターが何をするのかということが、コンピューターの材料が何であるかによらないなんて？」。この事実は1930年代中頃、今から50年ほど前 (訳注：執筆時から見て) に、イギリスのアラン・チューリング (Alan Turing) という科学者によって発見された。彼は、粘土の粒がどのような形をしているかを彫刻家が気にする必要がないように、プログラマーもコンピューターに使われている小さな素子がどのように機能しているのか気にしなくてよいということを示したのである。例えば、Logoで単純に「はい」か「いいえ」を選択するプログラムを作ったとしたら、もっと長い選択肢のリストから1つ選んでくるプログラムも作ることができるし、そのリストが何万、何億という要素を持つようにすることも可能なのである。

　このエッセイではアラン・チューリングが示したことを詳しく説明はできないが、計算論に関する良い教科書には、必ず詳しい説明が載っている。ひとまず、大まかなアイデアを説明しておこう。若き日

のチューリングは、コンピューターの動作に関係しているのは、理論的に言えば、個々の部品の**状態**、そして部品の状態を変化させるための法則のみである、ということに思い至った。ここで重要なのは、部品がどのように作られたのかは、動作には関係していない、ということである。これを踏まえてチューリングは、「プログラムとは何か」ということを突き詰めて考えてみた。そして、プログラムとは結局のところ、状態の集合と、コンピューターが自分自身の「状態」を将来どのように変化させるのかということを前もってまとめた規則であると考えればよい、と気づいたのである。

　次に、チューリングは、例えばコンピューターXを持っているものの、実はコンピューターYが欲しかったと思っている、という状況を想定してみた。そのような時には、コンピューターXのプログラムとして、コンピューターXの「状態」をうまくまとめることにより、それ以降X上で起こる状態変化がコンピューターYでの状態変化とまったく同じになるようにするものを作ったらどうだろうか。そのようにできれば、外部から観測した時には、コンピューターXの振る舞いはコンピューターYの振る舞いとまったく見分けがつかなくなる。現代ではこのことを、コンピューターXがコンピューターYを「シミュレート」している、と言う。もちろん、この処理には相応の対価を払う必要がある。XはYの記述を保持するための十分なメモリを持っていなくてはならない。もしXとYが内部的にかなり違うものであれば、シミュレートされたプログラムの速度は相当遅くなるだろう。しかしこの点を除けば、どんなコンピューターでも他のどんなコンピューターをもシミュレートできるということをチューリングは示した。だからこそ、同じLogoプログラムを多種多様なコンピューターで実行させるための特殊なプログラムを作れるのである。

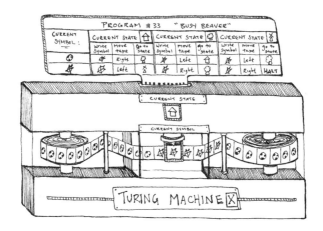

　実際にAtari Logoは、ブライアン・シルバーマンと友人たちによっ
て書かれた、そのようなプログラムとなっている*5。残念ながら、そ
のプログラムはLogoではなく、コンピューターの奥深いところを操作
するための機械語で書かれているので、私には読んでも理解できない
が。そのプログラムは見えないところでちゃんと動いており、あなた

のコンピューター上でLogoコンピューターをシミュレートしているのである。おかしなことに、アラン・チューリングはこの方法を、コンピューターが発明される以前にすでに発見していた。なぜそんなことができたのかを簡単に言えば、彼は頭の中でいろいろなコンピューターをシミュレートしていたからである。

　私は、最初は組み立てキットで、後にはLogoのようなプログラミング言語で、ある種の魔法のような経験をしたわけだが、その魔法のタネはチューリングが発見したものからきていたに違いない。そこには「万能性（universal）」という性質、つまり、大きなものはそれを構成する小さな部品の内部構造には依存していないという性質がある。

真空管

トランジスタ

集積回路

　意味があるのは、部品同士がどう影響し合っているのかであって、
部品自体が何で作られているのかではない。お金が紙で作られている

のか、金でできているのか、あるいは家が板で作られているのか、レンガで作られているのかはあまり関係ないのと同じである。

　同様に、宇宙人の骨格が黄金からなっていようとも、石の一種であろうとも、あまり関係はないだろう。小さな部品の組み合わせから全世界を組み立てられるということに価値を見いだせない人は、何かとても重要なことを見逃している。彼らは科学を難しいと感じる。なぜなら、小さな数種類の原子から身の回りのものができていることに思いが至らないからである。彼らは進化論を難しいと感じる。なぜなら、鳥やミツバチやクマが、取るに足らない無生物の化学物質を元にしつつ、何兆回もの自然選択という手続きの結果として生まれてくることがわからないからである。ここでの仕掛けは、自然選択のプロセスはこれまでに非常に数多くの段階を経ているということ、それぞれの段階はすでにより小さなスケールのプロセスに適用されたことがあるので、いわばすでにデバッグ済みの同じ手続きを使っているということである。

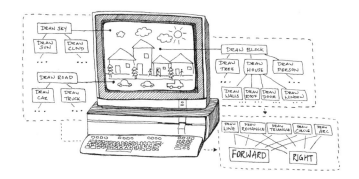

　なぜ先生たちは、コンピューターがこんなに素晴らしい問題を扱っているということを教えてくれないのだろうか。それは、ほとんどの大人は、コンピューターのことを、巨大で、高速で、間抜けだが実用的な算術計算をするものだと思っているからである。そして10億ドル産業が押しつけるつまらない現実が、私たちの「考えるコンピューター」という夢と希望を覆い隠してしまっているからなのだ。

（日本語版編集注：原著ではこの後に、アラン・ケイによる「エッセイ1あとがき」が掲載されていますが、日本語版では196ページに移動し、日本語特別版として、割愛される前の全文を掲載しています。合わせてお読みください）

ESSAY2 まえがき

―― ハル・エーベルソン

　マーヴィンのこのエッセイを読んで、彼の講義を聞いていた時の記憶が強烈によみがえっている。その講義では、矢継ぎ早の十字砲火のような彼の発言に、聴衆は何とかついていこうと必死になる。次から次へと連想のおもむくままに話題が移り変わっているようでいて、実は共通のテーマが繰り返し語られている。マーヴィンはバッハ風フーガを即興で演奏するという稀な特技を持っていたが、彼の講演もまたフーガのようであった[*1]。

　マーヴィンのエッセイ2は、算数教育に関するエッセイであり、またフーガであるとも言える。マーヴィンはまず最も重要な主題を提示するところから入る。その主題とは、数学を教える時の方向性として、独創性を伸ばすことを目指すべきである、というものだ。このテーマは、一般的な算数教育の考え方と真っ向から対立している。普通の現場では、論理的思考のステップを一段一段踏ませるように教えたり、さらにひどい時には計算問題のドリルと練習を繰り返させたりするのだから。マーヴィンにとっては、数学とはあくまでも独創性であり、規則ではなかったのだ。MIT AIラボの共同所長としてマーヴィンが打ち出した研究所規則には、「規則とは、他により良いアイデアが浮かばない時に従うものである」という格言があった。この格言に則るかのように、数学に関するこのエッセイでは、ある少年と少女とが対比されている。少年は九九の表を覚えることに苦痛を感じており、算数

とは果てしなく続く規則だと考えるようになっている。一方で、「15
足す15」の暗算を、「16足す16は32である」という知識を元に、そこか
ら2を引くという独自のやり方で行う少女が紹介されている。マーヴィ
ンからは、普通の先生は、この少女が教えた通りの足し算のやり方で
解かなかったために、この子に「あなたは間違っています」と言うかも
しれない、というコメントが添えられている。

ピアノを弾くマーヴィン

　このコメントをきっかけにフーガが展開していき、主題に応じる応
唱が提示される。そこでは、正しい答えにたどり着くことばかりを強
調するのは、計算の仕方を教えるには間違ったやり方であるかもしれ
ず、概算の感覚を知っている方が日常生活ではより役立つかもしれな
いと述べられている。さらには、固定小数点と浮動小数点にも同様な

違いがあるのではないかということが示唆されている。この応唱は、今の初等教育は1世紀にわたるコンピューティングの発展を考慮すると、まったくもって時代遅れになっているという一般論へと展開していく。

マーヴィンのエッセイ／フーガでは、次に対唱、つまり第2の主題が提示される。それは、生徒には数学に限らずどんな分野でも、その分野の認知マップが必要であるということだ。この認知マップの概念は、シーモア・パパートの強力なアイデアや、アンドレア・ディセッサ（Andrea A.diSessa）が主張している「学習者は認識論者である」という視点と通じるものがある[*2]。結局のところ、何かを発明するためには、その発明をする空間が必要であり、知的活動のための土地が必要なのである。これらのアイデアを踏み台として、マーヴィンは一連の「数学に命を吹き込む」ような質問を投げかける。これらの質問は算数教育のための、真剣な遊び場を充実させるようなものである。例えば、なぜ三角形構造は頑丈なのか、なぜ素因数分解は一意に定まるのか、ゲーム理論からはどのような知見が得られるのか、統計学はどうだろうか、論理学は？ といったものである。

マーヴィンのエッセイから読み取るべき一番重要なメッセージは、学校での数学教育は栄養不足であり、子供たちに力を与えられていない、ということである。その理由は、子供たちが数学的アイデアを扱うための豊かな語彙を獲得していないところにある。マーヴィンはエッセイ2で「物事について考えるのは、その分野における重要なアイデアを記述するに足るだけの十分な用語と概念を獲得していないと、なかなか難しい」と書いている。

このフーガが展開していくにつれて、読者は、マーヴィンの講演を

聴く時に感じる楽しさとも言うべき、連想からの飛躍を味わうことができる。教師はなぜ、生徒に途中経過を記録し提出するように言うのだろうか？ 生徒の作業記憶※1能力を育てるためには、頭の中だけでできることは書き起こさない方がよいのではないか？ 教育現場において徒弟制度を活用すべきではないか？ そして知的な出会い系サービスを通じてメンターを探せるようにできないだろうか？ 世にはびこる数学嫌いという現象を研究すれば、他の危険な物事を避けることを教えられるようになるのではないか？ この部分はフーガの導入部の主題、つまり、数学の学習者には同じ解法を繰り返し使うのではなく、独自のやり方で問題を解く方法を発明することを勧める、という考えと共鳴しているのである。

エッセイの最後には、形式通りのフーガのように、コーダ（終結部）がある。人工知能研究からの知見、そしてそれを踏まえてマーヴィンが『ミンスキー博士の脳の探検』で強調していたのは、失敗例から学び、失敗を修正することの重要性である。もしかすると、勉強を楽しくすることを強調するのは、フラストレーションやネガティブなことを避けるという経験の意義を低く見ることになるのではなかろうか。マーヴィンが言ったように、「どんなことであれ、もしやる価値のあることなら、必死でやる価値があるはずだ」ということなのだから。

そして、この小編はまさにマーヴィンの講演のように、鑑賞者の心に賞賛、疑問、そしてより詳しく知りたいという気持ちを残したところで終わるのである。

※1　訳注：working memory。「作動記憶」と訳出されることもある。

WHAT MAKES MATHEMATICS HARD TO LEARN?

数学を学ぶのはなぜ難しいのか

数学の勉強が難しいと思う子供がいるのはなぜなのだろうか。私が見るところ、数学的な独創性と解法の発明を奨励する代わりに、計算[*1]のドリルと練習から始めてしまい、間違いを避けることを重視しすぎるのが理由なのではないかと思われる。このようにネガティブ面が強調されると、計算問題を嫌うようになるだけにとどまらず、後に同じ匂いのする技術すべてを避けようとするようになる。もしかしたら、記号的表現への嫌悪感を長期的に持つことにつながっているかもしれない。

逸話：

ある時、九九の表が覚えられない男の子を見てほしいと頼まれた(表2.1a)。男の子の話を聞くと「こんな大きな表を覚えるのは大変だ」と言うので、私は「対角線を挟んで対称性があるから、覚えなくてはいけない規則は実際には50個もないのだよ」と言って

みた(表2.1b)。

　ただ、この子は実はもっと大きな不満を抱えていたのである。「去年は足し算の表を覚えさせられたけど、今思い出しても本当に退屈だった。今年はもっと難しいやつをやっていて、この調子だと来年はまた別の表が出てきて、その後もずっとずっと意味のないことをやり続ける羽目になるんでしょ」

	2	3	4	5	6	7	8	9
2	4	6	8	10	12	14	16	18
3	6	9	12	15	18	21	24	27
4	8	12	16	20	24	28	32	36
5	10	15	20	25	30	35	40	45
6	12	18	24	30	36	42	48	54
7	14	21	28	35	42	49	56	63
8	16	24	32	40	48	56	64	72
9	18	27	36	45	54	63	72	81

表2.1a

	2	3	4	5	6	7	8	9
2	4	6	8	10	12	14	16	18
3		9	12	15	18	21	24	27
4			16	20	24	28	32	36
5				25	30	35	40	45
6					36	42	48	54
7						49	56	63
8							64	72
9								81

表2.1b

　この子にとっては、「算数」というものはひたすら続く機械的な作業と練習なのだ、ということになってしまっているので、来年以降はもう表を覚えることはないと納得させるのさえ手間がかかった。

　この子が抱えている目の前の問題に対処するため、「暗記カード(flash cards)」を作ってみた。それぞれのカードの表には数字が2つ、裏にはその積が書かれている。子供に掛け算の結果を聞いて、答えが合っていたらカードの山からそのカードを1枚取り除くというわけだ。これによって、九九の表を覚えるという作業に少しばかりゲームの要素を加えることができ、山の大きさが減っていくことによって進歩が実感できるようになる。その子はすぐに楽しさに気がついたようで、「これって、うまい教育用メカだよね！ ぼくがもう覚えている掛け算がどれか知っていて、まだ覚えてないやつだけを聞いてくるんだから。何ていったって時間の節約になるよ！」と言ったものである。

　しかしながら、より重要な問題は、この子は九九を学ぶことがどういう意味を持つのか、言い換えれば、認知マップの中でどのような位置付けにあるのかがわかっていなかったということである。後で何かに使えるものなのだろうか？ 何らかの目標や夢を達成するために役に立つのだろうか？

逸話：

　また別の時、ある6歳の女の子に「15足す15はいくつ？」と聞いたところ、その子は「30だと思う」と即座に答えた。どうやってそんなに早く計算できたの？　と聞くと、「誰だって16足す16は32って知っているでしょう。だから32から余分の1を2つ引いたの」と答えた。

　普通の先生：

　答えはたまたま合っているけど、計算は間違っていますね。まず5と5を足して10にし、1の位に0を書いた後で、繰り上がりになった1を、10の位の1ふたつと足して3にしないとダメです。

　このように正確さだけを重視する普通のやり方では、概算をする能

力は育たない。一方この女の子はすでに倍々遊びを通じてある程度の2のべき乗を知っていたので、大人に勝るとも劣らない近似解を求める能力を見せたわけだ。脱線するが、「浮動小数点」の計算の方が、実際の生活で直面する問題を解く時に役立つのに、なぜ「固定小数点」の計算だけを教えようとするのだろうか?

より一般的に言えば、私たちは、子供たちが聞くのを躊躇（ちゅうちょ）してしまうような質問、例えば「私はどうしてここにいて、何をしているの?」というようなものに、うまく答えられる方法を編み出さなくてはならない。

ここでMITのフィル・サン（Phil Sung）[*2]による洞察深い警句を挙げておこう。「生徒が数学を嫌いだと思うようになるのは、数学の授業でやらされる、もしかしたら数学ではないかもしれない何かを嫌いになった時である」。

生徒が必要とする認知マップ

20世紀までは、算術計算・幾何・代数・微積分が主な数学の分野であった。その後、論理学とトポロジーの分野が急成長を始め、1950年代には情報とコンピューターに関するアイデアが爆発的成長を遂げた。今日では、これらの新しい概念が実用的に多用され、人々の役に立っていることを考えると、数学の学校向けカリキュラム作りはだいたい1世紀分ほど遅れてしまっていたことになる。私たち教育者は、発達過程のなるべく早い時点で、子供たちをこれらのアイデアに触れさせる必要がある。

伝統的なカリキュラムでは、算術計算は他の数学的思考の絶対的な

基礎として位置付けられていた。そのために、子供全員に2〜3年にわたって足し算、掛け算、割り算という重労働が課されているわけである。しかし、今日においては、これらの作業はアルゴリズムという考え方の一例として教えることを検討した方がよいのかもしれない。そう考えると、もうちょっと興味を持ちやすく単純なものから始めてもよいのではないだろうか。

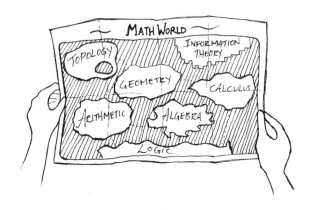

　例えば、子供たちの頭脳が柔軟な時に、形式言語（Formal Languages）※1や有限状態機械（Finite State Machines）※2のアイデアを取り込んだ例題を使ってみるのはどうだろうか*3。これにより子供たちは、彼らの手元にあるはずの安価なコンピューターで作るプログラムについて、思慮深く興味深い考え方で考察できるかもしれない。LogoやScratchのようなプログラミング言語は、単純な算術計算だけ

※1　訳注：記号論理学・コンピュータープログラミングなどのさまざまな面で活用するために、記号や式によって作られた人工言語。
※2　訳注：有限オートマトンとも。有限個の状態と遷移と動作の組み合わせからなる、数学的に抽象化された計算モデル。

ではなく、幾何・物理・数学や言語学に関するより深い概念について実験することの助けにもなりうる。それにとどまらず、これらのアイデアをもともと自身が持っているグラフィックスやゲーム、言葉などのアイデアに適用したり、さらには彼らの住んでいる地域や仲間の役に立つような貢献ができるかもしれない。

同様に、幾何の分野では、低学年の生徒に対話式の幾何プログラムを使わせることも考えられるだろう。このようなプログラムを使って、さまざまな対称性について探求（exploration）や観察をすると、より高次な数学的アイデア、つまり数学者が「群論」と呼ぶものの感じがつかめるようになるかもしれない。群論の概念は四則計算にとどまらず、多様な分野の基盤となっている（これに関するさらなる例題は、Googleで「Geometer's Sketchpad」と検索してみてほしい）。

物理の分野では、子供に構造物の動的シミュレーション・プログラムを使わせることが考えられる。これにより、応力やひずみ、加速度、運動量、エネルギー、さらには振動、減衰や次元スケーリング（dimension scaling）などの概念に触れることができるだろう。

いずれにせよ、子供を深い理解にまで導くべき分野では、よりよい「認知マップ」を提供する必要がある。実は何人かの小学校の先生に、筆算で割り算をする機会が年に何回くらいあるのか聞いたことがある。先生の1人からは、「成績の平均点を計算するために毎年使っていますよ」との返事があった。別の先生は、税金申告の時に使ったと言い張ったが、具体的に何を計算するために使ったのか思い出すところまではたどり着けなかった。そして誰一人として、数学が一生ものの楽しみになりうるという明確な考えは持っていなかったのである。以下は、子供が認知マップを持ち得ていないという、単純

ながらも衝撃的な例である。

　ある子供が幾何学の授業で落ちこぼれているからと、私のところに送られてきた。その子が言うには「ぼくが授業を休んじゃった時に、証明のやり方を教えたんじゃないかと思うんだ」とのことだった。

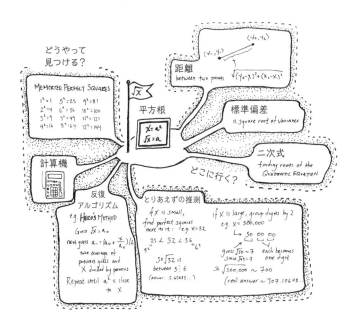

　この子が混乱するのも無理はないし、私が「証明の仕方には特定の決まりきったやり方があるわけではなくて、自分で証明の仕方を考えてもいいんだよ」と説明した時に、その子がびっくりするとともに安心したのもまた、無理はない。この子に対して、「やれと言われた作業のルールを聞きそびれたというだけの話じゃないのか」と言う人もいるかもしれない。しかしながら、これはそもそも決まったルールなどない

という、特殊な例なのである（実際、世の中には自動定理証明器※3というものもあるのだが、私はその手のものを使うことはお勧めしない）。

数学に命を吹き込む

数学とはいったい何だろう。ある時、Logoのプログラムを書いている教室で、子供たちがいろいろな色の花を描くプログラムを作るという課題に取り組んでいるところを観察する機会があった。それを見ていた大人の1人が、これには数学は使われているのかと子供に聞いたのだ。プログラムを書いていた子供は、「えー、別に数学ってそんなに特別なものじゃないでしょ。ただ、わかったらいいなと思うことを考える時の頭の使い方ってだけ」と答えたのである。数学の概念について教えようとする時に、子供たちから出てくると思われる質問を以下にまとめてみた。

算術計算：なぜ複利で利子計算をすると、桁数がだいたい一定の速度で増えていくのか。人口はどのように拡大していくのか。再帰手続き※4を使っていると、指数関数的な振る舞いが見られるのはなぜか。これらの疑問は、コンピューターを使って実験すると子供にもわかりやすいのだが、退屈な数字の計算を手間をかけてやっているだけでは、理解は難しいだろう。

幾何学：6色で立方体の面を塗り分けるやり方は何通りあるだろうか？ 1つの立方体を3個の同一の立体に分割する方法が想像できるだろうか。手袋には右手と左手があるが、なぜこの類のものはたいてい

※3　訳注：automatic/automated theorem-provers。コンピュータープログラムによって数学的定理に対する証明を発見する器械。
※4　訳注：ある手続きの定義の中に、それ自身が含まれること。

2つで1組なのだろうか。人間は3次元の空間内にいるわりには、3次元の立体について考える方法を会得している人が少ないようだ。これはある種の心理的障害だとみなしてもよいのではないか？

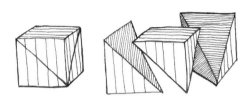

　論理学：Aの過半数はBであり、Bの過半数はCである時、Aの過半数はCであると言えるだろうか。この質問は、大人でもよく間違える。ある人、例えばジョン・スミスという人がアップルからマイクロソフトに転職したとしよう。これによって、どちらの会社もともに社員の平均IQが上昇するということがありうるだろうか。私たちが論理的議論を行う時には、よく犯される種類の間違いについても知っておかなくてはならない。

　動力学：梁を入れて三角形の構造を作ると、物理構造物が強化されるのはなぜだろうか。その理由は、2つの三角形は対応する3辺の長さが等しければ合同であり、辺の長さが不変であれば、その三角形は変形できないからである。今日の子供たちは、自由度（degrees of freedom）という基本的な概念について学ばないまま大人になってしまう人が多い。

自由度

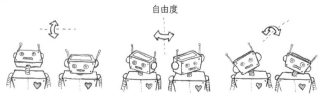

統計学：数学の分野として、統計ほど日常的な用途が広いものはない。さて、小さな変化が蓄積するとは、どういうことだろうか。子供にとって、物事をうまく一般化することを学ぶには、どのような知識と経験が役立つだろうか。証拠の信頼性評価というのは、どのように行うべきだろうか。相関関係と因果関係の違いとは何だろうか。日常よく見られるバイアスについて、そして逸話に基づいた議論にはなぜ懐疑的であるべきなのかについて、子供たち全員が知識を持つべきであろう。

ごくわずかでも統計に関する知識があれば、他の分野での問題も浮き彫りにしてくれる。特に、子供たちが「t検定」について学ぶとよいように私は思う。t検定はごくごく簡単な検定法だが、さまざまなケースに適用できる（2のべき乗さえ知っていれば使うことができるのだ）。また、平方根を使った分散の近似法についても理解するべきだろう（平方根の近似は、桁数を半分にするだけでよい）。他の簡単な例を挙げると、バスケットボールの試合が103対97のようなスコアになることはよくあるが、この程度の得点差は統計的には有意とは言えない。

組み合わせ論：子供たちに民主主義について教えることを考えてみよう。米国での代議員制度に基づく選挙においては、26％しか票を獲得できない少数派でも選挙に勝利することが可能であり、もし代議員がさらに代議員を選ぶという2段階の制度であったならば、たったの7％の得票率でも勝てる可能性がある。文化的ミームは、いったいどのように広がるのだろうか。経済とは、どのような仕組みになっているのだろうか。現代ゲーム理論の簡単な概念を教えるのは、どの年齢がよいのだろうか。

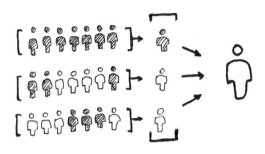

少数派が
2段階代議員制で勝つ方法

抽象代数とトポロジー論：これらは、大学院生レベルの学生にとってさえ非常に高度なものとみなされている。しかし、この分野で扱われるアイデアに接したことがない限り、説明のしようがない現象も多く存在する。例えば、不動点・対称性・特異点や、あるいは動的な軌跡（trajectory）が見せる振る舞いなどのように、物理的現象として頻繁に見られるものがある。生物社会は複雑な組織だが、抽象化という概念を用いて初めて記述可能になったと言える。例えば、個人・家族・村・街・都市・国家、そして世界と世界経済のように。「高度な数学」で扱うさまざまな概念が、このような構造を理解する上での助けとなる。

　子供たちがより複雑なプロセスを発明し、試してみるように促すには、どうしたらよいだろうか。教師の中には、生徒が「作業を可視化」するように、つまり「作業手順の一つひとつを書き起こすように」教えるべきである、と言い張る人がいる。確かにこれは成績付けのためや、間違いを指摘しようとする時は便利だが、「一つひとつを書き起こす」ことに注力しすぎると、頭の働きにブレーキがかかってぎこちなくなるのではないかという危惧（きぐ）も持ってしまう。つまり、自分本来の速さ

で頭の中だけで「数学的思考」をする訓練を妨げてしまうことになる。これは速度の話のみならず、頭の中に可能性のある複数の目標を保持しておき、それらを達成するための方法や表現を素早く切り替えていくという能力にも関わっている。

学校算数の貧困な語彙力

　一般的な学校算数の教え方には、どこかおかしなところがある。小学校で習う歴史・国語・社会などの他の教科を見ると、生徒は何百もの新しい用語を学期ごとに習っていることがわかる。組織や指導者や戦争の名前、本の題名や著者名などとともに、何千といういろいろなアイデアや概念なども毎年習うわけだ。

　しかし学校算数においては、習う語彙の数は驚くほど少ない。確かにいくつかの概念やプロセスについての用語、例えば**加算・乗算・分数・分子・分母・長方形・平行四辺形・円柱・計算式・変数・関数・グラフ**などは習いはするだろう。しかし、1年間に習う語彙数を考えると、子供たちは「言語的砂漠」で栄養欠乏状態に置かれているようなものだ。**物事について考えるのは、その分野における重要なアイデアを記述するに足るだけの用語と概念を獲得していないと、なかなか難しいのである。**

離散

連続

　具体的に言えば、名詞だけを覚えているのでは不十分なのだ。形容詞も十分に知らなくてはならない。ある現象を足し算で記述すべきなのは、どのような時だろうか。それはその現象が**線形（linear）である**と言える時だ。掛け算を使うべきなのは、どのような時だろうか。それは**2次関数的（quadratic）**、あるいは**双線形（bilinear）**の時である。とびとびの値になっていて、次の時にはガラッと変わっているのか、あるいは何かが滑らかに変化するのかという区別をしたい時は、どういう言葉を使えばよいのだろうか。そのような区別をつける時には、**離散（discrete）**および**連続（continuous）**という用語が必要となる。物事の類似性を考えたければ、**同型（isomorphic）**や**ホモトピー（homotopic）**という用語が必要となる。子供たちは算術計算や幾何についてだけでなく、統計・論理・トポロジーなどに関するアイデアについても話ができるような語彙を身につけるべきだろう。そう思うと、オンラインのチャット・ルームとしてコミュニティーを作り、子供が例えば「非線形（nonlinear）」と言った時には、他の参加者から賞賛されるのが当たり前であって、難しい言葉を使うからとからかわれて意

欲をそがれたりしない場を作るのもよいのではないかと思う。

ドーナツとマグカップ。同じホモトピー型

メンターとコミュニティー

　何らかの技術を十分価値のあるレベルまで習得しようとする時に、概念マップがないままで進もうとすれば、せいぜいいくつかの筋書き（script）や簡単な事実を覚えるところまでで止まってしまい、場面に応じて適切な用語を使ったり、ある問題解決手段が行き詰まった時に、代替手段をいつどのように探せばよいのか、という判断ができるようにはならない。では子供たちは、どうやったらそのようなマップを獲得できるのだろうか。近代的な学校制度が始まる前であれば、子供たちは1つの仕事に弟子入りさせられ、幅広く活用できるような能力を得ることはなかっただろう。逆に言えば、親方の知識と技術を吸収できる子供はおり、また子供を教えることが自然にできる親方もいたのである。

　エッセイ3では、年齢別の学年制度が持つ欠点について述べるつもりである。今日では、教育の方法論は以前より広がりを持っているが、徒弟制度で育つ子供はほとんどいなくなっている。その理由は、子供とたっぷり時間をともにする余裕のある教師が少ないことにある。現代の教師が使える時間は限られている。その結果、「ぼくはいったい何をしているのか、次に何が起こるのか、今習っていることは、いった

いいつどこで使うことになるのか」という質問に答えられる人がいないのである。

　しかしながら、今ではオンライン・ネットワークを通じて子供たち一人ひとりが世界中の人々とコミュニケーションを取れる。そう思うと、一人ひとりの子供に能力ある大人がつき、余暇時間にメンターあるいは友人としてプロジェクトの遂行やスキル開発を手伝うことを考え始められるようになったと言える。そのようなメンターは、いったいどこから連れてくればよいのだろうか、という疑問も浮かぶが、もしかしたらこれはひとりでに解決するかもしれない。なぜなら、私たちの寿命は4年ごとに1年ずつという急速な伸びを見せているからである。**近々、引退した人の方が現役よりも多くなる日が来るのではないだろうか。**

　もちろん、子供も一人ひとり得意なことや考え方は違うので、私たちとしても相性の合う親方と徒弟の組み合わせを見つけられるような仕組みを開発する必要がある。言うなれば、これは出会い系サービスのようなもので、知的で模範となるべき大人と出会えるようにするわけだ。

　いずれにせよ、小さな学校や地域では、すべての教科を教えたり、あるいは変わり種の子供の要求に応えたりはできないだろう。子供が何かに特別な興味を抱いている時、近所にはその才能や能力を伸ばせる人がいないことが多い。また、成長が遅れ気味の子供が必要とする、きめ細かいサポートも提供できないだろう。しかしながら、地球全体に張り巡らされるネットワークがあれば、似たような興味を持つ人と連絡を取り、オンライン・コミュニティーに参加したり、一緒に新しいものを作ったりすることもしやすくなるはずだ。

（既存のコミュニティーの中には、この変化をちょっと受け入れがたいとみなすところもあるだろう。なぜなら、多くの共同体文化は、同じことに対して似たような頭の使い方をする参加者を優遇するよう進化するからである。近所や友人とは違う新しい考え方を身につけたり、違う考え方をしようとする子供にとっては、このような共同体文化が問題となるので、生まれた共同体から逃げ出し、離れていこうとするだろう。）

単純作業よりもひらめきを

実を言うと、私は学校で計算問題を解くのは大好きだった。縦に並んだたくさんの数を足すような問題だって、いろいろと違うやり方を考えることができるので楽しかったのだ。数字の列のあちこちを見て、3が3個あることに気がつけば、「これでだいたい10だから、ここにある7から1引いて6にし、10と6にしちゃおう」。でも、どうすれば同じ数を2度数えないようにできるのか? そういう時は、例えば「もう3は全部数え終わったから数えない」というようにしたものだ。そもそも、言われた通りのやり方以外はしたことがない、という子供はどのくらいいるのだろうか。大人になってエンジニアや数学者になったような子供は、間違いなく自分なりのやり方を試したはずだ。決まったやり方を何度も使っていれば、何か新しいことを学ぶ機会はまずないだろう。反対に、自分で新しいやり方を発明したら、新しい頭の使い方、例えば新しい記憶の仕方、として残るわけである。

例えば、6と7を足そうとして、紙にまず3と書いた時、「10を繰り上げる」ということを覚えておくのに、どのようなやり方があるだろうか。私はその繰り上がりの1を肩の上に載せておくこともある。電話番号を覚えるやり方は? 普通の人は7桁の番号を覚えることは苦にならな

いが、局番込みで覚える場合は紙とペンの出番となることが多い※5。しかし、3桁の局番は、ポケットに入れておけばよいし、もしポケットがなければ左耳の裏にでも付けておけばよいわけだ。

なぜ世の中には、数学が嫌いという人がこんなに多いのだろう。もしかしたら、標準的な教育法では、特定の決まった解法だけを使うことを強調してしまい、それぞれの子供が新しい方法を発明しようとするのを妨げているのではないだろうか。ある物事に対する嫌悪、例えば飲酒などの危険な誘惑を避けるように子供を導きたいと思うのであれば、子供が数学や他のことを避けるようになる理由を深く研究することに価値があるのではなかろうか。

ネガティブな専門知識

　一般に受け入れられている考え方として、何かについてよく理解

※5　訳注: 米国の電話番号は3桁の局番(area code)＋7桁の番号の組み合わせからなっている。

しようとする時には、始まりのところから一歩一歩すべてのステップを間違いなくたどるというやり方が良い、というものがあるようだ。このやり方に従っておけば、間違いを一度も犯すことなく進んでいける、というわけだ。私たちは、知識をプラスのものとして考え、そのため専門家というものは何でも知っている人なのだと考えがちである。しかし、本当に役に立つ専門性とは、**その分野におけるよくある間違いの避け方を知っている**こと、とも言える。人が学ぶことのうち何割くらいを、この「マイナスを避ける」という要素が占めているのだろうか。もちろん、外から観察しても、誰かが「何をしなかったのか」は確認できないので、科学者が測定できるようなものではないかもしれないが。

　もしかすると、経験により積み重ねた反例・失敗例の知識の集積の方が、成功例の知識の集積よりも大きくてより効果的だという可能性があるので、ネガティブな専門知識は重要な検討課題である。もしこれが事実であれば、成功例による強化よりも、失敗例による強化の方が学習に貢献する可能性はないだろうか？　多くの先生は、子供が気持ちよく楽しく学んでいる時の方が、学習効率が高いと教わってきているため、フラストレーションや失敗、がっかりする経験の価値を低く見積もってしまうように思える。さらに言えば、私たちがポジティブであるとみなすユーモア・喜び・意思決定力などの感情は、実は他のアイデアが検閲されたり、競合する活動が抑制されたり、より野心的なゴールが抑圧されたりした結果であり、ポジティブというよりもネガティブのネガティブという、無意識下で起こっている二重否定の結果なのかもしれない。これに関するより詳しい議論は、『ミンスキー博士の脳の探検』第1章1節と第9章4節、そしてエッセイ1を参照してほしい*4。

ESSAY3 まえがき

—— ゲイリー・ステーガー

　マーヴィン・ミンスキーは才能ある教師であり、人がどのように学ぶのかということに深い興味を持っていた。しかしながら彼は、K-12[※1]の教育機関には毛ほども注意を払っていなかった。その理由として、彼と友人のシーモア・パパートとが心底から同意していた以下の考えを挙げることができる。つまり、学校は生徒にとって物事を学ぶのに向いていないところであり、その理由は、学び方を教えるはずの教師にとっても、学校は学びの場に向いていないところだからである。さらに言ってしまえば、学校がどれだけひどいところなのかに関してマーヴィンはちょっと甘く考えていたのではないか、という疑いを捨てきれない。現実の学校は、彼が思うよりもひどかったのだ。このことは、決して、マーヴィンが学校制度の破壊を主張していたとか、実際の教師を無視していたということではない。実際のところはその正反対である。私がマーヴィンと交流して感じたのは、彼は教師に対して深い敬意を抱いており、彼らの仕事内容、考え、そして目指していることに強い興味を持っていたということだ。彼は、先生たちが生きている世界の瑣末な雑務処理、狂った官僚制度、いかれた指導理論などというものにまったく注意を払わないことを、学校の先生と心地よく交流するための土台としていたのである。おそらく、素晴らしき発明家・

※1　訳注：幼稚園年長から高校までという、米国の多くの州で採用されている義務教育の期間を指す。

科学者・話し手・ピアニスト・作曲家に同時になるなどという離れ業は、学校生活がもたらす侮蔑的待遇を無視することによってのみ成し遂げられることなのかもしれない。ただ、これらのエッセイを読むと、マーヴィンも学校が持つさまざまな側面について認識していたことがわかる。

パパートと同様にミンスキーも、世の中の人々は彼らとはちょっと違うということを感じ取るエンパシーを持ち合わせていた。学年別制度に関する彼のエッセイは、人間が本質的に持つ多様性に敬意を示したものだと言える。

子供たちを学年で分割するという伝統は、産業時代に重視された効率性という単純な概念への憧れに由来している。それを現代でも使い続けているのは、迷信と教条主義的な確信からくる素朴さのようにも見えるだろう。この慣習はそもそも常識にも反している。学校外では、多様で年齢の異なる仲間とともに学ぶのが普通だ。また、ホームルームだけではなく、楽器演奏・合唱・演劇・スポーツなどに多年齢クラスを効果的に運用している現代の学校の例もある。私はシーモアから、「年齢別に子供を分けるのは、子供を同じ不達成度で分けることである」と聞いたことがある。

年齢別のクラス制度を含め、機械的な学校運営は部局化（departmentalization）を進めることになる。また、50分授業を私たちが続けている理由は、残念ながら私たちが捨てきれていない、学びを不自然なものとみなす文化に起因している。もし、学びとは自然なものであると認識できれば、学校はより柔軟になり、シーモア・サラサン（Seymour Sarason）が説いた「学びのための生産的な環境」が得られるかもしれない*1。マーヴィンはエッセイ3で以下のように書いている。

さらに一般的に言えば、子供はそれぞれ異なる速度で成長し、異なる方法で学んでいく。多数の生徒を集めて全員に同じことを教えようとすると、成功する子供もいれば、ストレスを感じてしまう子供もいる。どんどん進める子供もいれば、遅れてしまう子供も出てくる。どんな科目であれ、年齢向けに作ったカリキュラムが、それぞれ異なる生徒全員に適しているということはないだろう。

　生徒は年齢の違う仲間からだけではなく、大人からも学ぶことがたくさんある。ジャン・ピアジェは、知識とは経験の産物であると言った[2]。レブ・ビゴツキー（Lev Vygotsky）、ジーン・レイブ（Jean Lave）、そしてエティエンス・ウェグナー（Etienne Wenger）は、知識の大部分は社会的に形作られていると述べている[3]。子供たちが多様な専門性に触れられるようになれば、学習プロセスを豊かにすることができる。大人たちが持つ種々の専門性を学校で活用する方法として、大人に専門のことを紹介してもらい、子供がまだ気づいていない情熱の対象に目を開かせるというのはどうだろうか。

　8年間にわたり、マーヴィン・ミンスキーは、私が組織する「現代的知識を構築する（Constructing Modern Knowledge）夏休みワークショップ」に参加したK-12の教育者のために「炉辺談話（fireside chats）」の時間を取ってくれた。この談話会でマーヴィンは、教育者と数時間をともに過ごし、ありとあらゆるテーマについて対話したのである。これがハズレだったことは一度もなかった。過去100年を見渡しても最高の科学者と言えるような人が、毎年、対等な同僚として普通の学校の先生と対話し、彼の知性・ユーモア・共感・おふざけ・楽しみ、そして未知への感性を共有してくれたのだ。私はマーヴィンの炉辺談話を録画しようとしたのだが、毎年なぜか彼のオーラで多くのカメラが故障してしまったような気がする。それでも、エッセイ3「年齢別ク

ラスの弊害」の内容と重なる、マーヴィンが発したいくつかの造詣深い意見を思い出すことができる。以下、正確な引用ではないが、マーヴィンが言ったことを紹介したい。

趣味は最適な学習の良いモデルである

ある炉辺談話で、マーヴィンは喜び・楽しみ・宗教・スポーツは取るに足らない（さらには、避けるべき）目標であると主張した。ただ同時に、趣味を追求することから付随的に得られる学びは大いに賞賛したのである。趣味は継続的に複雑さを増していく傾向があり、複数人または個人の活動で、複数の技術と規律を使う必要がある。多分、何らかのきっかけがあれば、マーヴィンはシーモアが言っていた「ハード・ファン（hard fun）」[*4]という考えにも言及したのではないかと私は思っている。趣味は、学校の学期や学年にはとどまらないのだ。

問題解決

ある先生が、「マーヴィン、本当に難しい問題が持ち上がった時、あなたはどうするのですか？」と聞いた。マーヴィンは少し考えた後で、「私なら問題そのもののことは忘れて、それを解決できる人を見つけてくるね」と答えた。そして、世界最高級の謙虚な自慢っぽく、「私は、難しい問題が解けるかどうか心配したことはない。ロバート・オッペンハイマー（Robert Oppenheimer）でも、ジョン・フォン・ノイマン（John von Neumann）でも、クロード・シャノン（Claude Shannon）でも、いつでも呼び出せたから」と言ったのである。その後でマーヴィンは「学校で私たち教師はどうしたらよいのでしょうか」というような質問を受けた。彼はまたしばし考えた後で、「私は、その質問に答えられるかどうか心配したことはない。いつでもシーモア・パパートに聞け

ばいいからね」と答えたのである。

学校制度の硬直化

ある時マーヴィンが先生たちに言ったのは、10日ほどかけて学べるようなトピックを学ぶ仕組みがないことが、学校教育を蝕んでいる問題の1つであるということだった。学校の1日は短い時間単位で分けられており、年度は2学期制なら2つ、3学期制なら3つ、あるいはさらにマーキング・ピリオド※2に分けられている。その結果、生徒には数週間で学べるような強力なアイデアを学ぶ機会はなくなってしまう。マーヴィンは、情報理論をそのようなトピックの例として挙げていた。

作ることで学ぶ

マーヴィンは人工知能の父、そしてコンピューター・サイエンスのパイオニアとして知られているが、マーヴィン本人はプログラミングそのものは好きではなかったように見受けられる。少なくとも発明をしたり、ピアノを弾いたり、ものをいじって改良したりすることには及ばなかったようだ。私は、成功した人はみな、発達期に自分自身の手を使って何かを学んだ経験があると感じている（それを裏付ける研究をしたことはないが）。心理学者のジェローム・ブルーナー（Jerome Bruner）は99歳の時、ボートを作ってハドソン川で競争したことが、彼の知的発達にとって決定的であった、と私に話してくれたことがある。シーモア・パパートには歯車があった※3。マーヴィンは私たち

※2 訳注：中間試験によって区切られた学期内の期間。
※3 訳注：シーモア・パパートは、幼少期に歯車で遊んだ経験と成長後の数学的思考との関係について よく語っていた。

に、今の子供たちは、彼の世代がやっていたようにスクラップ置き場に行って遊ぶことができないのが残念だと言ったことがある。彼は、第二次大戦後の主要な科学者たちは、大量の軍事余剰品を、子供時代にゴミ（junk）として遊びに使えたのがよかった、と語ってくれた。

　マーヴィン・ミンスキーはどんな教室でも、研究室でも居間でも、最高の教育現場として力のみなぎった場に変えることができた。彼は、他の人が興味を持ったことには何でも興味を持ったものだ。なぜその人がそれに興味を持ったのか、ということくらいしか興味を持つ点がない場合でさえもだ。彼のことをわずかながらも知ることができたのは、私の人生にとってのハイライトである。彼の非凡な才能と精神を現場の先生と分かち合うことは、私に例えようのない喜びを与えてくれた。教育機関で彼を教師として教わったことはないが、それでも私は残りの生涯ずっとマーヴィンからいろいろなことを学び続けることだろう。

EFFECTS OF GRADE - BASED SEGREGATION

年齢別クラスの弊害

　ある程度の生徒数を持つ学校であれば、たいてい子供たちを年齢別に区切って、同じカリキュラムで同じ内容を教えるようになっている。私たちは、体力的な違いによる不平等を防ぐのだとか、年齢が同じであればだいたい同様の発達段階にあるのだから教育の効率化に貢献しているのだとかの理由で、「学年」というこの制度を正当化しているわけである。また、同じような見方や意見や価値基準を持たせるという「社会性」の観点からも利点がある、という意見もある。確かに、子供たちがお互いを理解する上で助けにはなる制度ではあるだろう(もちろん、子供全員が同じような考え方をすれば理解し合えるようになる、という程度のことではあるが)。

　しかし、別の観点からは、この年齢別隔離制度は子供の発達を遅らせる影響もあると言える。

6歳児を集めたクラスを作ると、間もなく子供たちは似たような考え方や行動を取るようになる。翌年の7歳児の時点でも、ほとんどの子供は同じグループに属したままになり、同じパターンの行動が維持されることになる。8歳になっても同じ態度・価値基準・学習方針のままとなる。結局12年生（訳注：日本の高校3年生に当たる）になるまで同じであり、身につけた考え方の大きな部分が6歳時だった時から変わらないことになってしまう。

　幼児性が残りがちだという例を1つ示してみよう。私たちの学校制度を卒業する子供のほとんどは、人気のあった俳優・スポーツ選手・ファッションモデル・その他「セレブ」と言われる類の人の逸話を何百と思い返すことができるだろう。しかしながら、現代の大人の中で、哲学者や科学者のような学者の名前を挙げられる人は非常に少ない。年齢別の教育制度は、私たちが望ましいとしている内容を子供たちの心に染み込ませることには成功していないようだ（エッセイ4では、子

供が憧れる人やメンターを選ぶことの重要性について述べている)。

> 　市民※1：あなたは、悩みのない子供時代というものを犠牲にして、その代わりに知的成長のみを目的とした何かで置き換えようとしているのですね。でも、知性だけが人生の価値ではありませんよね。友愛といったものは、どうなるのですか？ 子供が同じ興味を共有する友達を持つのは大事ですよね。

　もちろん、教室だけが人生ではない。子供は教室外でも、大人の知り合い、例えば親や教師や他のメンターなどから、いろいろと学ぶだろう。確かに小さな子供の心が、過剰な競争からくる不安で傷つくようなことになってほしくはない。それでも、同年齢の友人への過度の執着が、社会的・心理的発達を脅かすという可能性について考慮すべきである。そもそも学年制度が健全な社会関係をもたらす、という証拠を見たことがない。

　悩みのない子供時代に関しては、子供が「遊び」を実際にしてみようとする時に、何が起こっているのかについて検討してみる必要があると思う。大人は暗黙の仮定として「仕事」という真剣でしばしば苦痛を伴うものと、「遊び」と呼ばれる取るに足らない安逸な喜びや楽しみとが対立関係にあると考えている。しかし、「遊び」についてより注意深く観察すると、しばしば驚くべき集中力と熱心さ、そして発見があることが見て取れる。この真剣さに着目すると、大人になってからこんなに一生懸命「仕事」に取り組みはしなかったということに思い至るだろう。

※1　訳注：citizen。原文では、一般的な意見の発言者の代表として使っている。

50分授業

　学校においては、生徒全員が一斉に行動する時間割という仕組みも
また問題である。それぞれの授業や活動はあらかじめ決められた授業
時間に支配されており、時間の終わりには全員が強制的に他の教科に
切り替えなくてはならない。管理側にとっては効率がよいかもしれな
いが、もちろんそれぞれの子供、さらには教える立場にある人の能力
を伸ばすのに効果的な方法ではないのは確かだろう。

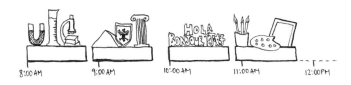

　短い時間で区切った時間割は、ほとんどの子供は集中力が切れやす
いから、という仮定のもとで正当化されている。しかし私は、この主
張にしっかりとした根拠があるとは思えない。実際、無制限に時間が
使える時は、子供はプロの大人にも劣らないような粘り強さを見せる
ことがある。私たちが趣味と呼ぶような類の活動をしている時には特
にそうだ。しかし、子供にとって、必要なだけいくらでも時間を使っ

ていいですよ、と言われるようなことがあるだろうか。

　私は、人々が「作業記憶」と呼ばれるものを頭にとどめておくやり方には、個人個人で大きな違いがあるのではないかと思っている。

> 　生徒1：何か良さそうなアイデアを思いついた時は、いつもその場で作り始めないと気が済まないんです。なぜかと言うと、別のことで割り込みが入ると、思いついたはずの新しいアイデアがすぐに薄れてしまうからです。何かうまくできた時は、いつも他のことはすべて脇に置いて、アイデアが新しいうちに何時間も続けて作業をした時です。そのために、私は講演を聴く時、いつも出口に近いところに座るようにしています。もし講演者が興味深いことを言った場合には、すぐ部屋を出て1人で検討できるようにしたいからです。

> 　生徒2：私は割り込みが入るのは、それほど気にはなりません。なぜならたいていの時はいずれにせよ「ながら作業」(multitasking) しているからです。実際のところ、1つのことを1分か2分以上ずっと考えるのは好きではなく、いろいろなことを切り替えながら考えても、またすぐ元に戻ってこられるので問題はありません。

　このことに関する研究を見た記憶はないのだが、調べたことがある人は間違いなくいるだろう。いずれにせよ、私の感覚では、途切れ途切れになった時間を使ってアイデアを成長させられる人と、長時間にわたって考える必要がある人とがいるように見受けられる。もしこれが正しいのであれば、**以前の心理的状態やプロセスを復元する**能力に違いをもたらしているものは何か、ということに関する理論を作り上げ、それを検証する必要があるだろう。

　このことは、ノートの取り方と使い方の違いとも関連している可能性がある。先生の中には、生徒がみっちりとノートを取ることを求め、さらには成績評価のために提出させるという人もいる。

　　生徒1：私はノートを取ることが大変役立っています。そうしなければ授業で聞いたことを何も覚えられないからです。とはいっても、重要なキーワードをいくつか書くだけでよいのです。そこから、どのような話だったのか思い出せますので。

　　生徒2：私はノートはほとんど取りません。先生の言ったことを要約することに頭を使ってしまって、結局のところ先生の話をまったく聞けなくなってしまうからです。もし授業の間ノートを取り続けたとしたら、後で何の話だったのかほとんど思い出せないでしょう。

　ここでも、個人の違いが見て取れる。ノートを取ることによって後から内省的な思考ができる生徒もいるし、ノートを取っても後からでは意味のある心理プロセスを再構成できない生徒もいる。

　過去の心理状態を再現する能力には、個々の子供によってさらに大きな違いがあるだろうと思われる。当然ながらこのことは、**起因の特定（Credit-Assignment）**※2の方法がそれぞれの子供で大きく違うことを意味するので、それぞれタイプが違う子供の学び方にも大きな影響を及ぼしていることだろう。このエッセイでは詳しく説明できないので、『ミンスキー博士の脳の探検』の第8章5節を参照してほしい*1。効率よく学ぶために非常に重要なのは、ある問題を解いた時、その答えを覚えるだけでは十分ではないということである。解にたどり着くために用いた「戦略」も覚えておかなくてはならない。アレン・ニューウェル（Allen Newell）も、チェスをする機械の作成法に関する画期的な論文の中で、この点について指摘している。

　　「勝ち・負け・引き分け」という情報だけで、チェスの1局がどのような展開であったかを記述できるとはとても思えない。（このこ

※2　訳注：訳語は竹林による『ミンスキー博士の脳の探検』から採った。「貢献度分配」と訳されることもある。

とから、効率のよい学習をするためには）それぞれの対戦からより多くの情報を引き出す必要がある。ある目標が達成された時はその部分目標が強化され、達成されなければ部分目標が抑制される。試みられた戦術それぞれが、戦術探索ルールに、成功・失敗という情報を提供していると言える。対戦相手の一手一手が、推論ルールの成功・失敗に関する情報を提供する、というように[*2]。
—— アレン・ニューウェル(1955)

　ここで、ニューウェルが書いたような仕組みで動作する学習プログラムは、いまだに存在しないということを指摘しておくべきだろう。その理由は、学習機械の研究は統計的推論に偏っていて、論理的推論が軽視されているからである。いずれにせよ、時計に縛られた授業は、割り込みが入るのが気になる生徒にとってはつらいものだと言える。

子供ごとの認知スタイルの違い

「普通の子供」というものは存在しない。個人のそれぞれの脳には異なる種類の思考素※3があるからである。そして、思考素群の異なる組み合わせが活性化することで、多くの異なる「考え方※4」が生まれてくることになる。それゆえ、一人ひとりの子供は異なる知識やスキルを保持するための異なる方法を編み出していく。そのため、それぞれの子供は、やることや置かれた状況によって、他の子供に比べてうまくできたりできなかったりする。ただ、その子供の頭の中で、思考素がどのように組織されているのかを具体的に知る方法はないため、しばしば「考える・思考」や「覚える・学習」という曖昧な言葉を、異なるプロセスを意味するものとして使ってしまいがちだ（より深い議論については『ミンスキー博士の脳の探検』第7章と第9章を参照してほ

※3　訳注：resources。『ミンスキー博士の脳の探検』では、『心の社会』でエージェント（agents）と呼ばれていた、思考を構成する小さな部品または要素が、resourcesと言い換えられた。竹林訳に従い、要素のことを思考素と呼ぶ。
※4　訳注：Ways to Think。『ミンスキー博士の脳の探検』では「思考路」という訳語を当てているが、本書では新語を導入するには至らないとして、自然な訳とした。

しい）。いずれにせよ、大勢の子供を1つの部屋に置いてみれば、違ったやり方で物事を学ぶ子供が出てくることだろう。以下、そのような子供の例を挙げてみよう。

・抽象的なところから始まるトップダウンの記述の方が理解できる子供もいる。
・例題から始めて、後から一般化する方がよい子供もいる。
・短時間の学習を繰り返した方がよい子供もいる。何時間も続けて学習した方がよい子供もいる。
・口頭による説明を理解する子供もいる。画像による説明が得意な子供もいる。
・文章を読む方が理解が進む子供もいる。授業で聞くことが理解につながる子供もいる。
・物体を実際に手で扱うことで、より多くのことを学ぶ子供もいる。
・多くの簡単な問題を解くのが得意な子供もいる。少数の難しい問題を解くのに向いている子供もいる。
・もしかしたら、成功からより多く学ぶ子供と、失敗からより多く学ぶ子供がいるかもしれない。私は、これに関する強力な証拠にお目にかかったことはないが、数学者仲間では、反例について研究した方が、適合例を研究するよりも理解が深まるという共通認識がある。

たいがいの子供はそれぞれ、趣味や時間つぶし、場合によっては執着と呼べるような興味を何か持っているものである。彼らの教師にしてみれば、このような興味は標準カリキュラムとは無関係に見えるかもしれない。ただ忘れてはいけないのは、最終的には一人ひとりが何らかの仕事に就き、専門性を持つことになるということだ。たいていの人は何かしら意味のある役割を見つけることができるが、やることが何もないという、悲しくも危険な状況に陥ってしまう人も少なから

ずいる。そう思うと、子供の一風変わった興味を、「一般的教育」の視点から「正常」な成長を妨げる異常なものとみなすのではなく、違いを認めて個人的な興味を追求するよう促す方が、多くの場合はよいように思われる。

　さらに一般的に言えば、子供はそれぞれ異なる速度で成長し、異なる方法で学んでいく。多数の生徒を集めて全員に同じことを教えようとすると、成功する子供もいれば、ストレスを感じてしまう子供もいる。どんどん進める子供もいれば、遅れてしまう子供も出てくる。どんな科目であれ、年齢ごとに作ったカリキュラムが、それぞれ異なる生徒全員に適しているということはないだろう。

　過去には、この問題は、1学年から2学年くらい飛び級をさせることで対処していた。私が知っているある高名な数学者は、小学3年生から一気に8年生（訳注：日本の中学2年生に当たる）まで飛び級したのが現在の成功につながっている、と言っていた。政治的理由から最近は飛び級

があまり見られなくなってはいるが。大きな高校では、一部の教科で、1学年分まるまる先取りできるわけではないものの、先行クラス※5を受講することができる。

社会性

　一般的には、子供の社会性を育てるためには、大人とではなく他の子供と触れ合いをさせた方がよいと思われているようだ。ただ、もしかしたらこれは間違っている可能性もある。いずれにせよ、子育てに関するどんな方法論も、子供の発達に善かれ悪しかれ影響を及ぼすわけであり、子供が他のどのような子供と、あるいはどのような大人と付き合うのかもまた同様である。どんな原因も何らかの結果につながっているのであり、何もしなければ結果に責任を負わなくてもよいということにはならない。子供の発達に関する私たちの知識はあまりにもわずかであるため、いったいどういう責任を負うべきなのかさえわかっていない。特に、友達の年齢が子供の知的・社会的成長に与える影響について、さらに言えば、どのようなトレードオフがそこにあるのかについて、より深く知る必要があると思う（この段落はカート・アダムス[Curt Adams]の意見を言い換えたものである）*3。

　私がこのエッセイで述べてきた議論は、まだ発展途上である。年齢別の教室に対する改善案としては、どのようなものがあるだろうか。OLPC（29、39ページ参照）のようなプロジェクトは、既存の公立・私立あるいはホームスクールとどのような関係を持つべきだろうか。モンテッソーリのアイデアと組み合わせることができるだろうか。個人で行うべきもの、2人組で行うべきもの、あるいは大勢で行うプロジェ

※5　訳注：Advanced Placement。大学の範囲を高校時に先行して取れるクラス。

クトとは、どのようなものだろうか。年下の生徒と年上の生徒を合わせる時に注意すべき点は何だろうか。例えば、高校生の年齢の「ハッカー」は、コンピューターやプログラミングに関しては教師よりもはるかに豊富な知識を持っているものだが、その知識を活用する方法はあるだろうか。いまだに疑問の方が答えより多いのである。

ESSAY4 まえがき

―― ブライアン・シルバーマン

　英国のエンターテイナーであるスティーブン・フライ（Stephen Fry）が、スター・トレックに関する面白い説を唱えていた。それは、主人公であるカーク船長は、アポロ的（合理的・論理的・秩序的・抑制的）なスポックと、ディオニシス的（感情的・直感的・情熱的）なマッコイの間に挟まれる羽目になっているというものである。マーヴィンの著作もまた、表面的にはとても論理的で秩序立っているように見える。しかし、その表面をちょっとでも剥がせば、彼が感情と情熱について語っていることがわかるだろう。彼は感情について考えることと、考えることについて考えることは補完し合うものとして議論しているのだ。

　以下で、マーヴィンによる「考えることについて考えること」に関する数十年にわたる発言の中で、純粋に合理性や論理性といった言葉ではくくれないものの一部を紹介しよう。

シーモアと歯車

　エッセイ1「無限の組み立てキット」でマーヴィンは、「数を扱うことに興味を持たせようとする教師たちに文句を言うわけではないが、ここではまず『数そのものには面白みはない』と正直に言ってしまおう。だからこそ数学者は数が大好きなのだ。興味深い特質などは何もない

ということにこそ、何やら神秘的なものを感じるのである」と書いている。

　興味深い特質など何もないのに、それになぜ神秘性を感じるのかを説明しようとするのは、いささか難しいことではある。この難しさこそが数学教育における中心的な問題であると考えたマーヴィンとシーモアは、この問題を解決しようと立ち上がった。『マインドストーム』[1]の「まえがき」でシーモアは、歯車に感じた同様の神秘について語っている。「歯車と私との関係には、理解に加えてフィーリングや感情があったことを覚えている」[1]。

　シーモアは、この神秘を子供にも感じてもらうためには、子供が個人的に興味を持っている何かを作るように勧めるのがよいと考えていた。何らかの興味深い特徴を持つ作品を、特に興味深いところのない部品から作り出していくということだ。シーモアはこのためにLogoを発明したのである。マーヴィンはLogo開発に当初から関わっており、動きを作り出すタートルやアニメーションや音楽といった魔法をシステムに加えたのだった。

母親は誰？

　何年も前に、私はマーヴィンに以下のような質問をしたことがある。「もし本当にちゃんと動く人工知能が作れたとしたら、その母親は誰ということになるのだろうか？」。マーヴィンの答えは、「『心の社会』に書いておいた『愛着関係』について読んでみてよ」というものだった。

※1　訳注：邦訳は『マインドストーム—子供、コンピューター、そして強力なアイデア』（シーモア・パパート著、奥村貴世子訳／未来社刊／1982年［新装版1995年］）。

エッセイ4「ロール・モデル、メンター、インプリマから学ぶ」では、マーヴィンはメンターとインプリマについて語ることで、愛着関係という概念をさらに詳しく説明している。「尊敬できる仕事をしている人に会った時は、その人のスキルを獲得したいと思う。しかし、インプリマであれば、スキルだけではなく、その人の価値基準も獲得し、さらに一般的に言えば、その人自身になりたいと思う(エッセイ4)」。

マーヴィンは、知性的であることの重要な要素として、その人が自分自身の合理的なモデルを持てているかどうかということを挙げていた。しかし、そのモデルを作り出すためには、外部からの影響が必要となる。マーヴィンが提案したのは、そのようなモデルは、自分にとって望ましい価値基準を持っている人の真似をし、その人と同化したいと思うことから作られていくのではないかということだった。マーヴィンは、時々自分の頭の中にいる内部化されたインプリマのコピーと対話することがあると言っていた。もちろん、そのように内部化された人が自分の知らないことを語ってくれることはめったにないとも言っていたが。

マーヴィンがインプリマという概念を定義したのは、マーヴィン自身が多くの人々のインプリマとなったことを考えても、本当に素晴らしいことだったと思う。

土、空気、火、水

「Music, Mind, and Meaning」[2]と題されたエッセイの中でマーヴィ

※2 　訳注：Marvin Minsky, "Music, Mind, and Meaning" Computer Music Journal, Fall 1981, Vol.5, Number 3 (1981)
https://web.media.mit.edu/~minsky/papers/MusicMindMeaning.html

ンは、「感情、推論、そして美的感覚を別のものとして扱う旧来の考え方は、古代錬金術における土、空気、火、水のようなものである。私たちは、精神的な化学（psychic chemistry）を扱うためのより優れた概念を作らなくてはならない」と述べている[*2]。私には、これが『ミンスキー博士の脳の探検』でマーヴィンが述べている考えの中心にあったのではないかと思われる。何しろ、『ミンスキー博士の脳の探検』は、感情（emotion）という言葉と機械（machine）という言葉をなぜ並べることができるのか、という説明から始まっている。両者には一見共通点はないように見えるが、それは昔の錬金術的思考の結果かもしれない。推論と美的感覚と感情は、どれも同じ「心の社会」が生み出した産物なのだ[*3]。そこにある違いは、感情を司るエージェントは、私たち自身から見ると奥の方でのみ動作しているため、それらがいったいどのように機能しているのかが見えないだけなのである。

　これらのエッセイを読む時には、考えることを考える、というだけではなく、感覚そして神秘や情熱というものに関する彼からのアドバイスにも着目してほしい。

LEARNING FROM ROLE MODELS, MENTORS, AND IMPRIMERS

ロール・モデル、メンター、インプリマから学ぶ

> 何かを考えることを考えてみないと、考えることを考えることはできない。
>
> ——シーモア・パパート

　算数と呼ばれる教科を嫌っている子供が多くいる。その理由は、教室でやらされていることが実際の日常生活に意味を持つ関係があるようには見えず、ばらばらに分断された知識だけを与えられているからである[*1]。ここから次に起こることは誰でも知っているだろう。子供たちは適切な認知マップを与えられていないため、彼らにとって算数とは、苦痛を伴う作業を延々と繰り返すもの、ということになる。

　ここで、学校がするべきことについて大きな観点から考えてみよう。もちろん児童に教科の内容を教える必要はある。また、大人が期待するように、社会性、つまり共同作業や礼儀といったものを覚える場であるべきだろう。さらに、子供たちには道徳や規範、そして目的設定

や向上心というものも吸収してほしい。これらだけでも十分難しいのだが、それでもまだ欠けているものがあるように思われる。それは子供に「**考えることについて考えることを教える**」ということである。結局のところ、考えるということは、どんな場合にでも使える一番大切な道具なのだから。

　したがって、学校では、子供たち自身の頭の中で起こっていることそれ自体について考えるように励ますべきだと言える。良い先生であれば、すでに自然とやっていることだろう。注意してほしいのは、私は決して小学校で心理学の授業をせよと言っているわけではないということだ。なぜなら、心理学者の間でさえも「思考の豊かさ」※1を向上させる方法があるなどという合意は取れていないからである。そこで

※1　訳注：resourcefulness。この単語には「手持ちの材料でうまくやる、機転を利かせる」という一般的な意味もあるが、『ミンスキー博士の脳の探検』では、脳内での思考の部品となっている思考素との関係から、この訳語を使っている。

このエッセイでは、ちょっと違ったことを提案したい。それは、自分たちのことをプログラムに従って動くコンピューターだと仮定して、それに従って考えたらどうなるのかという試みをさせるのである。

　もしかしたら、これは恐るべきアイデアのように聞こえるかもしれない。感情のない機械のふりをして考えることに、いったいどのような利点があるのだろうか。しかしながら、この意見に反論するために、まずは一般的に受け入れられている別の見方について検討してみよう。

　　人はみな、それぞれに合った才能と適性を持って生まれてくるのであって、それは取り換えることのできない贈り物だ。教育が果たすべき役割は、子供たちが生まれつきの財産を最大限生かせるように手助けすることだけである。

　　また、人間が生み出せる最良のアイデアは、「直感とひらめき（Intuition and Inspiration）」と呼ばれる説明のできない魔法のようなプロセスから生まれてくるもので、説明しようとするだけでダメージを受けてしまうのである。

この考え方は一見無害なようだが、私にはなかなか意地の悪いものに見える。私たちの心はそれだけでは特に大したことはできず、「たまたま巡ってきた」アイデアの中から良さそうなものを選ぶだけ、ということが前提となっているからである。

心を機械のようなものだと考えてしまっては、何の希望もなくなってしまうではないか、それではさらにひどいのではないか、という反論もあるかもしれない。しかしながら、私が言おうとしているのは、心をトースターやミシンといった改善不可能な物体であるかのように扱えということではない。そうではなく、心というものが**プログラムを書くことによって変更できるもの**だと思ってみてはどうかと提案しているのである。例えば、何らかの「バグ」が心の中にあることに気づいた時、プログラム中のあるステップがその問題を引き起こしていると想像してみてはどうだろうか。そうすれば、手も足も出ない問題だとあきらめるのではなく、心のどこかから役に立つものを見つけてきて、それを修正することを想像できるようになる。もちろん現実には、人間の心の中を直接修正するわけにはいかないが、この考え方は生まれつき固定された「適性」、あるいは拡張できない「知性」といった考え方への対案となりうるだろう[*2]。

「考え方について考えること」を考えてみよう

　一例として、何らかの目標を達成したいのに行き詰まってしまった状況を考えてみよう。もしかすると、自分は生まれつき「才能」も「適性」もなく、この仕事には向いていないのだとあきらめてしまうかもしれない。逆に、**自分が陥っている行き詰まり方や、問題の種類について認識できるのであれば**、その問題を診断することによって、より適切な考え方にたどり着けるかもしれない。ここで、『ミンスキー博士の脳の探検』第7章で述べた例のいくつかを取り上げてみよう[*3]。

　　もしその問題に見覚えがあるなら、類推を当てはめてみよう[*4]。もし似たような問題を解いたことがあるなら、違うところだけをすり合わせることによって、前の解決法を再利用できるかもしれない。

　　それでも問題が難しくて手に負えないようなら、いくつかの部分に分割してみよう。違いに気づくことができれば、解くべき部分問題に関するヒントが得られるかもしれない。

　　問題に見覚えがないなら、問題の記述方法を変えてみよう。特に、本質に関係のある情報を強調するような記述を考えてみよう。

　　アイデアが出すぎて困るようなら、特定の例題に集中してみよう。逆にアイデアが不足しているようであれば、問題の記述を一般化してみよう。

　　問題が複雑すぎるのであれば、簡略化したものを作ってみよう。

122

簡略化したものが解けるのであれば、元の問題の解き方のヒントになるかもしれない。

内省。その問題が難しく感じられるのはなぜだろうかという問いを発してみると、別の方法、さらにはより良い方法が見つかるかもしれない。

なりきり。手持ちのアイデアがどうもしっくりこない時は、その問題の専門家の誰かのことを思い出して、その人ならどうするか思い浮かべてみよう。

一時撤退。もし完全に行き詰まっているようであれば、考え続けるのをいったんやめて、心の他の部分が代替案を見つけ出さないか試してみよう。

解法の当てはめ。問題解決をする最強の方法は、すでに問題の解き方を知っていることである。もちろん、その知識を取り出せればだが。

それでも進まないなら、誰かに助けを求めてみればよい。

この手の解決法は子供でも日常的に使っているのに、わざわざ教える必要があるのだろうか。その答えは「イエス」である。なぜなら、こういったものは名前(あるいは別の呼び方)を付けない限り、そのことについて考えを巡らせて、改善しようと試みるのは難しいからだ。私たちは、このような心理的プロセスについて考える方法を提供することによって、子供たちが「思考の豊かさ」を大いに拡張できるのではないかと推測している(確たる証拠があるわけではないが、まだ誰もこの実験をしたことがないので、あってもおかしくはない)。

　このアイデアの用例を考えてみよう。どんな人間にも何らかの弱点があり、時にはそれは発達的不全とみなされることもある。例えば3次元空間内での位置関係を把握するのが苦手な人もいるが、そんな人に対しては、物体を別のやり方で思い浮かべる方法を提案することに意味があるかもしれない(もし、その人の頭の中にあるデータ構造に関するそれなりの理論があるとすればだが)。ある子供が「サイコロの形を透視図法で描きたいのに全然うまく描けない」と言うのを聞いたことがある。私が描いてみせたところ、その子供は「サイコロみたいに見えるけど、絶対変だよ。だってサイコロには斜めの線はないんだから」と答えた。私が、絵というものは対象のすべての特徴を正確に表現しなくてはならないものではないし、絵を描く秘訣は、うまく簡略化することにあるんだと言ったら、その子は納得したのだった。言い換えれば、この子はあまりにも野心的になりすぎていたのである。

　次の例として、ものを覚えるのが苦手な子供のことを考えてみよう。そのような子供のために心理学者が編み出した数多くの記憶法がある[*5]。しかし、どの記憶法がどんな子供に適しているのかに関しては、まだ理解が進んでいない。それでも、ある子供が頭の中で、どのような記憶書き込み（store）手続きと記憶読み込み（load）手続きを、どのようなデータ構造に対して使おうとしているのかがもし推測できれば、役に立つような改善案を提示できるのではないかと思う。

　似た例として、小さな子供たちを観察すると、手先の器用さが欠けているように思える場面がしばしば見受けられ、トレーニングをしても改善しないことも数多くある。この理由を推測すると、体の働きについて現実にそぐわない心のモデルを持っている子供がいるのかもしれない。もしこのような「バグ」を修正できるのであれば、子供が感じている自分の体に関するイメージ（body image）を、肉体的トレーニングではなく心理的トレーニングによって改善できるかもしれない[*6]。

　さらには、高次の意思決定をする際に用いる方法を改善することさ

えできるかもしれない。例えば、ダン・アリエリー(Dan Ariely)の『予想どおりに不合理(Predictably Irrational)』*7に書かれているような、ありがちな意思決定の考え違いを避けるためのコンピューター・プログラムを作ることが思い浮かぶ。また、多くの人は論理的誤謬に陥りやすいが、遊んでいるうちに論理的な推論能力を獲得できるようなゲームを子供向けに作ることも考えられる。

子供の自己イメージ獲得を助ける

> 魂の向上を願うのであれば、映画やテレビの俳優、スポーツ選手などを過剰に信奉するよりも、トール(Thor)※2に祈りを捧げる方がまだましだろう。
>
> ──チャック・ロリー(Chuck Lorre)※3

このエッセイを読んでいると、「思考」について教えようと子供に干渉するのは、あまりにも押しつけがましく、さらには害まで与えかねないのでは、と思われるかもしれない。どちらかと言えば、そのような懸念から子供たちを守っておき、のんびりした子供時代を過ごさせるべきなのでないかと言う人もいるだろう。ただ、放っておいても、子供はひとりでに自分のイメージを作っていくものであり、もし大人が干渉しないなら、子供はどこか別のものを材料にして自己イメージを作り出していくことになる。というわけで、ここで子供がどのように自己のイメージを獲得するのかについて検討してみよう。

人はみな、自己に備わっている能力・目標・嫌悪感・性向・気質・

※2　訳注：北欧神話に出てくる神の名前。
※3　訳注：米国のテレビプロデューサー、クリエイター。

才能・特徴といったことに関して自分なりの表現を持っている。さらには見た目や、現在そして将来における社会的地位に関しても同様だろう。私たちはこのような自己に関する説明を意味する言葉として、しばしば「自己イメージ（self image）」という言葉を使う。この構造をどのように脳が保持しているのか理解できればそれに越したことはないが、もちろんそのような発見はまだなされていない。『ミンスキー博士の脳の探検』の第9章1節では、このネットワークを発見するために脳科学者が取りうる手法について、いくつかの提案をしている*8。

　子供たちの自己イメージはどこからくるのだろうか。まずはもちろん親・兄弟・教師・友人からであるが、エッセイ3で触れたように、有名人や「セレブ」を真似することも大いにある。そのため、スポーツ選手やポップスター、俳優などについて詳しい子供がとても多い。しかしながら、哲学者や科学者、数学者などについて知っている子供はほとんどいない。どれだけ成功していても、彼らが教室やテレビで取り上げられることはめったにないからである。セレブのイメージが子供の目標設定に与えている影響はとても大きいに違いないが、それはだいたいがメディア向けに作られた架空のイメージであり、子供の注意を引き、何千時間という貴重な時間を吸い上げるために作り上げられたものなのだ。仮にそのような人の経歴がちゃんと事実に基づいたものであっても、必ずしも自分の子供に目指してほしいような特長があるとは限らない。

　例えば、スポーツ選手の能力は、スピードと力強さという遺伝に由来する性質に拠るところが大きい。スポーツには頭を使った戦略という面もあるはずだが、メンタルな面がメディアに取り上げられる時には、「強気で行け」とか「あきらめるな」とか「腹から力を出せ」などといった命令のようなものが主であり、技術や思考の豊かさといったものよりも根気強さの方が強調されがちである[*9]。また、映画やテレビでは、狡猾さや見た目の良さを生かしてうまく取り入って主人公が成功する、というような話が多い。一般化して言ってしまえば、私たちの大衆文化は、知識階級よりも戦士をあがめており、生産的な仕事人生を描くことは少ない。ここで問題にしたいのは、子供の時に獲得した価値基準の中には、人生を通じて残り続けるものがあるということだ。

　学校のレベルを、最終的に大学卒業までたどり着いた生徒の割合で測ることがよくある。だが、大学進学路線から「落ちこぼれ」た子供のことは考慮されているのだろうか。「勉強が苦手」な生徒は、根気・才能・自尊心の欠如、さらには「学問への適性」を欠いているとみなされることが多い。しかしながら、私は彼らが構築してきた自己モデルの問題に着目した方がより生産的なのではないかと思っている。幼い子供が、自分に関するアイデアを自分だけで生み出していくのはどれだ

け難しいことなのか、いったん考えてみよう。その代わりに、自分の身近にいる人からそのようなアイデアを吸収した方が子供たちにとってははるかに楽だろう。そのため、私たちは子供の知り合いの中で、向上心や目標や将来の社会的役割に関する考えに最も影響を与えるのは誰なのか、ということに、より注意を払うべきである。なぜなら、そのような人こそが、子供が自己イメージを形成する時に主となる影響を与えるからである。

子供の目標と向上心

人間はたいてい、いつでも何らかの目標に向かって行動している。空腹になれば食べ物を探すし、危険を感じれば逃げる算段を考える。誰かに何かをされたら、やり返そうと思う。仕事を1つ終わらせようと思ったり、あるいはそこから逃避しようとしたりもする。そのような欲を表す単語としては、「試す(try)」「励む(strive)」「望む(wish)」「欲する(want)」「狙う(aim)」「探す(seek)」のように多くのものがある。しかしながら、ここでめったに口に出されることがないような問いについて考えてみよう。それは、なぜ重要だと感じられる目標とそうでない目標があるのか、目標を選別して活性化させているものは何なのか、目標が活性化されている時間を決めているのは何なのか、複数の目標が対立したらどうなるのか、そして、ある目標を「避けられないくらい魅力的」にしているのは何なのか、というような問いである。

（目標とは何か、そしてどのように機能するのかに関しては、アレン・ニューウェルとハーバート・A・サイモン [Herbert A. Simon] が1960年代初頭に発表した解説がよく書けていると思う。『ミンスキー博士の脳の探検』の第2章2節と第6章3節に、これらのアイデアが要約されている。）

人はどのように目標を獲得するのだろうか。20世紀の学習理論では、動物には「本能」があって、それがおおむね「欲しいもの」を支配していると考えられていた。次の段階で、動物はある部分目標を既存の本能的目標に必要なものとして関連付け、その関連付けが良い成果をもたらした時に、その関連付けに成功報酬が与えられ強化されると考えたわけである。ある種の教育法はこの理論に基づいているが、私にはこのアプローチは健全なものとは思えない。なぜなら、この古典的な行動理論はハトや犬やネズミの行動に基づいて構築されたものであって、人間はさらに高次の思考、つまり動物が持つ刺激と反応を超えるものを進化によって獲得していることが明らかだからだ。

　そのような高次思考の例として、行動する前にまずは熟考してみる※4ということについて考えてみよう。この時、まずはいくつかの代替案を考え出し、それらを評価するという段階を踏む。さらに、しばしば以前の心理活動を内省する。また、今やったこと、あるいは今からやろうとしていることが、自分の倫理感・価値基準・理想と調和しているかについて検討する「自意識の内省」※5を行うこともあるだろう。この段階では、何がしたいか、ということにとどまらず、**何をしたいと思うべきなのか**について考えているわけである。動物の行動研究から得られた刺激と報酬の行動理論は、このような高次の思考も備えた人間の教育について考える上では、明らかに不十分と言える。

　いずれにせよ、人がどのように価値基準や目標を進化させるのかについて、もっとよく学ばなくてはならないだろう。偶然による部分は

※4　訳注：原語はdeliberate。『ミンスキー博士の脳の探検』の訳語を採用した。
※5　訳注：self-conscious reflection。『ミンスキー博士の脳の探検』の訳語を採用した。エッセイ5でも述べられているように、『ミンスキー博士の脳の探検』ではこれらの思考を階層化されたものとしてモデル化している。

どのくらいで、意図的に選択するのはどのくらいの割合なのだろうか。子供の欲望のうち、遺伝子によって形作られているのはどの程度であり、その子供が属しているコミュニティーにある文化的ミームからきているのはどのくらいなのだろうか。『ミンスキー博士の脳の探検』の第2章3節では、価値基準の大きな部分は、愛着を感じる対象の人から獲得している、という仮説を打ち出している。このことは以前から、ある傑出した心理学者も気がついていた。

> 恥とは不名誉を心の中に描いたものであり、不名誉がもたらす結果ではなく、不名誉それ自体に対して怯む感情である。他人があなたに下した意見に対しては、意見そのものではなく判断を行う他人のことが気になるのである。つまり、人の前で恥の感情を覚えるのは、私たちにとって大事な人の前に出た時である。そのような人とは、私たちのことを尊敬している人、私たちが尊敬する人、尊敬されたいと願う人、私たちに関する尊重できる意見を持つ競争相手である。
>
> ——アリストテレス『ニコマコス倫理学 第8巻』

　このことにより、高次の価値基準は、プライドと恥の感情に依存して形作られており、一部の大切な人々からの賞賛や批判に基づくものであると考えられる。奇妙なことに、このような人を指す一般名詞が見当たらない。仕方がないので、ここでは新しい言葉を導入しよう。

インプリマ（imprimer）：インプリマとは、子供が愛着を持つ対象となった人のことである。 子を育てる習性のある動物では、幼い子が持つ愛着が果たす機能は明らかである。子のすぐそばに親がいることによって、栄養を与えることができ、生存に必要な知識を教え、危険から守ることができる。しかし人間においては、子供の究極的価値基準と目標に影響を及ぼすという、さらなる意味を持つ。インプリマが褒めてくれれば、特別で身震いするような興奮を感じ、現在行っている活動の目標の優先度が上がる。もし恥の感情を持つと、現在の目標は価値が下がる。

　あなたが尊敬できる仕事をしている人に会った時は、その人のスキルを獲得したいと思う。しかし、インプリマであれば、スキルだけではなく、その人の価値基準も獲得し、さらに一般的に言えば、その人自身になりたいと思う。子供が持つ価値基準はその子のインプリマから大きな影響を受けているのは明らかだろう。インプリマになりうる人には親や教師、クラスメイト、友人がいるだろう。もちろん、子供の価値基準と目標は、彼らが出会う他の人々、さらには本で読むような架空の正義の味方や悪人からも影響を受ける。子供がどのようなアイデアを好むようになるかは、これらのものすべてから影響を受けているので、私たちが教育について考える時には、子供が持つ愛着について注意深く考える必要がある。

子供が何らかの問いを自分自身に発している時には、その子供はどのように推論して答えようとするのだろうか。その子は自分の置かれた状況をどのように分類し、分類されたグループごとに使うべき考え方をどのように決めるのだろうか。証拠を採用したり却下したりする基準をどこに置き、成功や失敗を判断する基準はどのように決めるのだろうか。子供は、自分たちが学ぶ内容を決めるにあたって、大きな役割を果たすべきである、という提言をしばしば聞く。もちろん、子供たちがまったく興味を持てないようなことを教えるのは難しいだろうが、意味のある内容とは何かを決定できるだけの知識を持った子供はほとんどいないため、私たちはこの部分で教師に頼っているわけだ。残念ながら、学校の仕組み上、先生たちはすでに他の多くのことに時間を取られている。子供の両親や友人が必要なスキルを持ち合わせていることはまずないので、子供たちには他のメンターが必要である。

　辞書の「メンター」の項目には、「信頼のおける相談相手であり、助言や助力を提供し、年下、あるいは経験の少ない者の成長を見守り育てる人のこと。信頼、尊敬、そして敬意の対象であり、あなたの成長に直接的な興味を持っている人」といったことが書かれている。これだけでも大きな責任だが、さらに付け加えてみよう。良いメンターとは指導者でもあり、分野ごとに知っておくべき事実を教え、またコーチとして必要なスキルの訓練をし、さらにはロール・モデルとして望ましい価値基準や目標を喚起する役割を持っている。

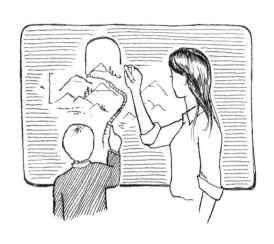

　しかしながら、メンターとして最も重要なのは、快楽を後回しにすることを教えることであって、逆説的には、成長や知識獲得のために必要となる大きな回り道を進む苦痛を、楽しめるものとして扱えるように導くことである。良いメンターは、成功に対して褒美を与えるだけではなく、失敗から学ぶ方法を見つけるように手助けしなくてはならない。なぜなら、専門性とは「何がうまくいかないのか」を学んでいくことだからだ。つまり、何百、何千のよくあるバグに関しての知識を持ち、それらを避ける方法を知っておくことである。さらに詳しくは、『ミンスキー博士の脳の探検』のネガティブな専門知識に関する箇所（第6章7節）を読んでもらいたい*10。

　文化が持つ最も重要な資産とは、多くの異なる分野の潜在的な専門家が大勢いることであろう。それゆえ、子供が興味を追求するための援助は優先的に行うべきである。私が子供の時は、一生懸命やって褒められる代わりに、大人から「そんなに真剣になるな」とか「のめり込むな」とか言われたものである。このような言葉を他の子供から言われた

こともあるが、学校というミニ文化圏では、集中力のある子供は「オタク」とか「ネクラ」とか言われ、いじめの対象になったりする（オタクの側からは「ふつう」の子供を蔑む（さげす）ようになり、根気のない子供として「執着力不全」とでもいう障害があるとみなすようにもなる）。これらの問題は私たちの学校が直面するものだが、オンライン・ネットワークがそのような子供のための脱出口となりうるとも言える。

オンライン・コミュニティーとメンター

もちろん学校を改善する必要もあるが、先生たちにできることは限られている。しかし、オンライン空間は若い人たちに対して、メンターや友人と交流し、新しいコミュニティーに入る新たな機会を提供することができる*11。さらに、このようなオンライン・ネットワークは、小さな地域の有害な環境で育たざるをえなかったはずの多くの子供たちが、より成熟した文化と環境へ飛び出す助けとなりうる。

小さな学校では、幅広い教科を教えきれず、また独特な能力を持った子供をサポートしきれないという点から見ても、オンライン・コミュニティーは重要である。小さな地域にいる子供が特殊な興味を示し始めた時、その子供は地域で有用なサポートを得られない可能性が

高い。また、ある種の発達障害を持った子供についても同様である。小さなコミュニティーでは、世界規模のネットワーク上で得られる幅広いリソースは提供できないが、ネットワークの範囲が広がっていけば、同様な興味を持った友人を見つけたり、特殊なサポートを提供できる人を見つけられる可能性が高まる。

世界的ネットワークが急速に成長している一方、世界の人口構成を見ると老齢化が進んでいる。この組み合わせは、メンター探しの大きな可能性となるかもしれない。近いうちに、引退して子供も独立した人が何億人もあふれることとなり、その中には知恵と経験があって、十分な余暇時間を持っている人も大勢いることだろう。エッセイ3では、同年齢の友人ばかりを持つことの問題点を指摘したが、巨大なオンライン・ネットワーク上では、子供たちがさまざまな年齢の人と交流し、さらにはより多くの経験を持った年上の人に弟子入りしたりもできるようになるだろう。

遠隔地のメンターと意義のある関係を、何百万人という子供たちのために築くには、どうしたらよいだろうか。すでに自発的な形で何千という専門的なコミュニティーがウェブ上に生まれている。問題の1つは、多くのコミュニティーが成功・繁栄・衰退というサイクルをたどることである。このようなコミュニティーを維持するための方法を見つけなくてはならない。もしかしたら、ショッピングや出会い系のウェブサイトが使っているアイデアから学ぶことがあるかもしれない。子供が適切なメンターを探せるように、すでにあるソフトウェアを変更できないだろうか？

もちろん、子供たちを変質者から守らなくてはならないという課題がある。これはすでに明らかな問題となっており、多くのウェブサイ

トでは、大人が子供のコミュニティーに参加できないようにブロックするという対策をとっている。しかし、安全性ばかり強調していては、あまりにも大勢の潜在的なメンターを却下してしまうことになるので、費用対効果と過剰な保護主義について検討しなくてはならない。

ESSAY5 まえがき

―― ウォルター・ベンダー

　マーヴィン・ミンスキーの心の理論は、大まかに言えば学習の理論である。このエッセイの中心テーマは、広く浅くという「一般的」教育が持つ問題点を、『ミンスキー博士の脳の探検』[*1]に記述された理論にある「認知タワー(心理的活動の階層)」という構造を踏まえて指摘するものだ。この理論は機械学習と人間の学び、そして人間同士の情報交換をもカバーしている。「人との関係で学ぶ」という運動にミンスキーが残した貢献のしるしは、彼がシーモア・パパートとシンシア・ソロモンのグループとともに行った緊密な協力関係に最もよく現れているだろう。彼らの仕事は、子供を「計算機科学者的思考(computational thinking)」[*1]へといざなうために、Logoプログラミング言語をそこに至るための乗り物として使うというものであり、マーヴィンはこの仕事に大きな影響を与えたのである。彼らは、思考と内省を助けるために使われる物事の観点から、計算機科学者的思考を定義しようとした。

　1971年に、パパートとソロモンは「20 Things to Do with a Computer」という論文を発表した。これはLogoで作れる、楽しくて発展性があるプロジェクトを集めたものである[*2]。ミンスキーはここで紹介された

※1　訳注：「computational thinking」は直訳すると「計算思考」だが、「問題解決にコンピューター科学的な論理思考で取り組むこと」の意味で使われることが多い。以下も参照のこと。
J. M. Wing著, 中島秀之訳, 計算論的思考, 情報処理, Vol.56, No.6, pp.584-587 (June 2015)
https://www.cs.cmu.edu/afs/cs/usr/wing/www/ct-japanese.pdf

20のプロジェクトの多くに関与した。ロボティクスや音楽や絵を扱う
プロジェクトは、マーヴィン自身が学ぶことに情熱を持っていた個人
的な興味とつながっていたのである。1970年代と1980年代には、子供
たちはLogoを使って、自発的に興味深いものを作り出したり、個人的
に気にかかっている問題を解いたりしていた。

「20 Things to Do with a Computer」は、今日「メイカー・ムーブメン
ト」と呼ばれている運動の前触れであった。メイカー・ムーブメント
は、通常は学校外で行われるような活動であり、テストや説明責任の
ために硬直化し続けている学校制度に息苦しさを感じている生徒に、
別の場所で力を発揮させることができるものである。メイカー・ムー
ブメントと、ミンスキー、パパート、ソロモンの仕事との違いについ
ては、メイカーでは実際に作られた作品に焦点を当てているのに対し、
後者はものを作り出すことで自然と発生する学びを重視していたとい
う点が挙げられるだろう。

　計算機科学者的思考が持ちうる効果については、ミンスキー、パ
パート、そしてソロモンの仕事によって形になってきたと言えるが、
一般的な教師の興味を引き始めたのは、プログラミング教育が注目を
集めてからのごく最近のことである。プログラミングを学ぶことは、
教育界の抱える多くの問題を改善できる万能薬であるかのように喧伝
されている。「文系卒の人でさえ数カ月でコードが書けるようになり、
デジタル経済の中で高給取りになれます」*3というように。「アワー・オ
ブ・コード (Hour of Code) ※2」のような活動により、プログラミング
は先進国でも発展途上国でも、正規および課外でのカリキュラムに導

※2　訳注：米国の非営利団体が運営する、プログラミング学習サイト。
https://hourofcode.com/jp

入されつつある*4。プログラミングを教えるという活動がすべて表層的であると言うつもりはないが、仮に理想的な状況にあったとしても、プログラムを書くことだけを目的としてプログラミングを学ぶのは、子供が「自分自身のアイデアを育てるために学ぶ」ことの助けにはならない。さらに、ほとんどの教育現場では、プログラミングは他の基礎科目と同様に、「ばらばらの断片的な知識」(エッセイ5「一般教育を問う」)として教えられているのが現状である。

　ミンスキー、パパートそしてソロモンによるアプローチでは、子供たちを問題解決とデバッギング※3に没頭させる。子供は、自分にとって情熱を捧げられる問題に自主的に取り組み、あらかじめ決められた正解や、当てはめればよいだけの解法などはない環境で、そのような問題を解こうとするのである。1970年代初頭にソロモンは、デバッギングが20世紀の世界において学びの機会を提供している素晴らしいアイデアであることを指摘し始めた。何らかの問題を解決しようと取り組む間に、認知タワーのあちこちの階層にあるエージェント※4が使うアルゴリズムが開発・改良されていくからである。

　マーヴィンが検討したアイデアのいくつかは、現在では広く受け入れられ実現されている。例えば、フィンランドでは一般教育のあり方が議論となり、その結果を踏まえて改革が行われた。フィンランドで、なぜ教科ごとのカリキュラムを廃止したのか問われた時、パシ・サールバーグ(Pasi Sahlberg)※5は以下のように述べた。

※3　訳注：パパートによるプログラミング教育においては、最初から正解を出すことを求めるのではなく、思ったように動作していないプログラムを少しずつ修正するプロセスとしての意義を強調している。
※4　訳注：思考を構成する小さな部品または要素。エッセイ3の訳注※3を参照。
※5　訳注：フィンランドの教育学者。

教科を統合し総合的な授業として取り組むのは、フィンランド
にとっては新しいものではない。1980年代からフィンランドの学
校はこの方針を実地で試みており、多数の学校ではそれが校風と
して定着している。今回の教育改革により、フィンランドの中学
校で専門科目のみを教えていた教師たちも、同僚とともに教える
という方針に変化していくことだろう[*5]。

　このような教育環境で育った生徒たちは、習得した技術を、教科を
またいで適用することになる。これは、学びは複数の心理的階層で起
こっているという心理的構造に適合している。この取り組みがフィン
ランドで育っている新しい世代の子供たちにどのようなインパクトを
与えていくのか観察を続けるのは、とても興味深い。

　ミンスキーがこのエッセイを書いた後にも、いろいろな変化があっ
た。このエッセイは、スマートフォンやそのアプリ、Chromebookや
Googleドキュメント、そしてMOOC（Massive Open Online Course：
大規模オンライン・コース）や、カーン・アカデミー（Khan Academy）
のようなオンライン・リソースが出てくる前に書かれたものである。教
育テクノロジー（Edtech）は今や大きなビジネスになった。アプリや教
科書、資料の販売は、やる気のある先生や本物の問題解決に取り組む
生徒向けの環境を作ろうとするよりも利幅は大きいだろうが、教育効
果としては表層的なもので終わりがちである。教育テクノロジービジ
ネスの開発においては、物事をできる限り単純にして、可能な限り幅
広い人々に手に取ってもらうようにするという誘惑にあふれている。
ただ、世の中には本質的に複雑なものが存在するのである。アプリを
使うのは楽しいかもしれないが、「ハード・ファン」が「ハード」なゆえん
は、本質的に複雑なものに到達することなのだ[*6]。子供たちには、実

世界の問題を解く時に使う技術を**学ぶことの楽しさ**を、ぜひ味わってほしい。計算機科学者的思考と心の理論が、一般教育にポジティブなインパクトを生み出す可能性は、いまだかつてなく高まっている。

ESSAY5

QUESTIONING GENERAL EDUCATION
一般教育を問う

> *1つの問題を5種類の違ったやり方で解く方が、5つの問題を1種類のやり方で解くよりもよい。*
>
> ──*ジョージ・ポリア（George Pólya）*

　将来の仕事に向けて子供に準備させるのが学校という場所である、と考える親がいる。また、学校ではある特定の理想と信念を教えてもらいたいと思っている親もいるし、さらには子供が独自のアイデアを作り出していける力を育ててほしいという親もいる。しかしながら、親の側にどんな目標があるにしても、ほとんどの学校は「基礎科目」、つまり読み書き・算数・理科・社会という分断されたばらばらの知識を教えることに、ほとんどの時間を費やしている。そして残された時間は、際限のないテストと宿題で占められているわけだ。

　もちろん、このような「広く浅い教育」でも、多くの子供にとっては、彼らが暮らす世界のこまごまとしたことを理解するきっかけにはなる。ただ私には、このような教育が、実世界で遭遇する複雑な問題を扱う

能力をどのくらい伸ばしているのだろうかという疑問がある。なぜなら、**ばらばらの知識がいくらあっても、問題を解くのに必要な知識を取り出し、それを適用するという心理的スキルがないと役に立たないからである。**

　子供たちには、心がどのように機能しているのかということを習う機会はまずないものの、他の面においては、大人たちが遊びや趣味とみなすようなコンピューター・ゲームをしたり、体を動かして運動神経を鍛えたり、組み立てキットを使って建物を作ったりして、その分野の専門家と呼べるほどの経験とスキルを獲得することもある。

　　幼少時代の《遊びへの熱中》は、人が持つことのできる最も厳しい指導者と言える。この世界に何があるのかを探求させてくれ、それらの構造がどうなっているのかを説明することを試みさせ、ほかにどんな可能性がありうるのかを想像させる。探求すること、説明すること、学習すること、これらの行為が子どもの最も頑固で強情な原動力に違いない。人生の中で、こんなにも熱心に取り組むように仕向けるものは、ほかにはないだろう。
　　　　　　　　　　　　——『ミンスキー博士の脳の体験』第2章6節より

実際には、あまりにも趣味に傾倒するのは勉学の妨げにならないかと恐れるあまり、趣味に没頭するのを止めようとする親さえいる。しかしながら、このエッセイでは逆に、一般教育を始めるのは、子供が何か1つのことの専門家になった後にすべきではないかという提案をしたいと思う。

　ここで提案したいのは、子供がより集中的に趣味や専門的なことに時間をかけて経験を積める場として、学校の目標を再定義するということだ。その環境で養われた心理的スキルが、将来勉強する時にも役立つものとなるからである。現代の子供は複雑で危険な世界の中で育っていかなくてはならないのに、教育組織はその変化に対応するだけの考える力を育てられていないことが、非常に大きな問題となっている。この問題はすでに世界的な影響を及ぼしており、困難さを増していく社会状況に対処できない大人が増えてきているのだ。

自己批評的思考法の理論

『ミンスキー博士の脳の探検』で展開されている理論は、心の中に数多くの思考素（108ページ訳注参照）があるというアイデアを出発点としている。いろいろな種類の思考素には、パターンを認識する機能を持つものや、さまざまな活動を監督するものなどがある。さらには目標や計画を設定したり、大量の知識を保持するものもある[*1]。このアイデアをもとに私たちは、心というものが階層化された認知タワーから成り立っているとするモデルを想定した。このタワーの下層部はおおむね遺伝的に作られたものだが、上層部は下層部とのやりとりを行うことによって成長していくと考えたのである。

自意識の内省	→	価値基準、検閲、理想、タブー
自己内省的思考	→	自己モデルの構築
内省的思考	→	計画、自己批判
熟考	→	推論、探索、比較 など
学習反応	→	経験の記録
本能的反応	→	衝動

『ミンスキー博士の脳の探検』では、このようなタワーを作り保持して
いることが、人間が持つ「思考の豊かさ」（119ページ訳注参照）という
特長の根源となっており、それが動物と私たちとを隔てているという
理論を提示している。もしこれが正しいのであれば、子供が最初に作
る構造が、その子供の将来における発達の質を規定すると言っても過
言ではないほどの大きな影響を及ぼすことになる。

予想：子供がいったんある分野で十分機能する認知タワーを構築できれば、それは他の分野にも適用可能な認知的成長のための基盤として機能する。

　鍵となっているのは、認知タワーを発達の各段階で作り始める時に、最初の数ステップにおける違いが、その先に続く成長の質に大きな影響を持つ可能性がある、という考えである。なぜなら、これが人生で初めて認知タワーを高さ方向へ伸ばす試みだからだ。もしこれが事実であれば、早期教育で注力すべき活動・趣味・特別な技能は、この観点から見て望ましい性質を持つものにすべきだと言える。同時に、何が望ましい性質なのか、その性質を伸ばすことのできるカリキュラムはどのようなものかという理論を構築する必要がある。

　『ミンスキー博士の脳の探検』の第7章5節では、**批評家**という重要な思考素がタワーの各階層に存在する、という仮説を展開している。「批評家」は、自分よりも下の階層で発生しているイベントを観測し、そのイベントに対応するために、次に活性化させるべき適切な思考素群を選択している。

　この仮説に基づけば、エッセイ4で述べたように、人間の心は次に使うべき「考え方（Ways to Think）」[※1]に合うように再構成されることになる。例えば、1つの心理的プロセスが行き詰まった時には、ある批評家がその問題を小さなものに分割していく方法を提案するというわけだ（図5.1）。別の批評家は、以前似た問題をどのように解いたのかを思い出したり、さらに別の批評家は、状況の表現を変える提案をすることもあるだろう。

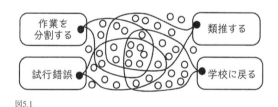

作業を
分割する　　　　　　　　　類推する

試行錯誤　　　　　　　　　学校に戻る

図5.1

※1　訳注：エッセイ3の訳注※4を参照。

もしその問題に見覚えがあるなら、類推を当てはめてみよう。

もし見覚えがないなら、問題の表現を変えてみよう。

もし問題が難しすぎるようなら、小さい部分に分割してみよう。

それでも難しすぎるようなら、簡略化したものを試してみよう。

　もし複数の批評家が同時に動き出したら何が起こるだろうか。もしそれぞれの批評家によって刺激される思考素群に重なりがないのであれば、問題となるような競合は起こらないはずである。言わば、「いくつかのことを一緒に」考えているというだけのことだ。例えば、たいていの人は社会的・言語的・視覚的・論理的というような複数のプロセス、すなわちハワード・ガードナー（Howard Gardner）※2が唱えたような種類の思考を、複数同時に頭の中で走らせることができる。

　でも、もし複数の批評家の提案が競合してしまったら？ 複数の批評家が一度に同じ思考素を使おうとしたら、あなたは「頭が混乱する」ことになるだろう（2つの旋律を一度に頭の中で鳴らそうとしたら、どうなるだろうか？）※2。

　もし妥協点が見いだせないのなら、状況そのものが、思考素の競合という混乱の面倒を見るためのさらに上層の批評家を刺激し、それが適切な助言をすることになるだろう。つまり、頭の中の批評家の階層がうまく働くようになっているかどうかが、混乱した時にその理由を診断できるかどうかに関わってくる。そして、それがその人の能力と思考の豊かさに大きな影響を与えることになるだろう。

※2　訳注：ハーバード大学教育学大学院教授。心理学の世界的権威。人間の知能は単一ではなく、いくつもの多重な知能があるという「MI（Multiple Intelligences）理論」を唱えた。

ESSAY5　一般教育を問う

能力、才能、そして思考素

　例えば、目標を達成できずに行き詰まってしまったところを想定してみよう。もしかすると、自分には必要な「才能」がないから、あるいは「知性」が足りないから、最初からその仕事には向いていなかったのだ、という結論に飛びついてしまうかもしれない。しかし、どのような行き詰まり方なのかが認識できれば、それが建設的な対案を導くきっかけになるかもしれない。例えば、「ちょうどよい思考素を活性化させなかったのだな」とか、「新しい思考素を獲得する必要があるな」というように。

> 　たいていの子供は、頭の出来の違いに関する言葉をいろいろ知っていて、それを頻繁に使っているものだ。「あいつは頭でっかち。あいつは低脳。あいつは間抜け。おれの頭は算数向きじゃない」というように。ここで悲惨なのは、失敗に直面した時に、「問題が難しすぎた」、つまり「自分には生まれ持っての適性がない」ということにしてしまい、どのような知識やスキルが不足しているのかを診断しないままで終わってしまうことである。
> 　　　　　　　　　　　　　　　　　　　　——シーモア・パパート

　発明ができる人とできない人の違いは、どこにあるのだろうか。難しい問題を解ける人と解けない人がいるのは、なぜだろうか。問題解決に行き詰まらない人がいるのは、なぜだろう。これらの疑問に対する答えとして、人それぞれ、生まれた時から知性の量は決まってしまっているから、という安易な仮説に基づく説明をよく耳にする。しかし、この説明はこれらの疑問への答えにはなっておらず、私たちの注意を、実際の問題からただそらしているにすぎない。なぜなら、「知

性」という言葉は、異なる状況では異なる意味となる「スーツケース語」
であり、「知性」という言葉を使う時は、その意味をその場その場でほと
んど無意識のうちに、すらすらと切り替えつつ使ってしまうからだ。

しかしながら、パパートが指摘したように、もし自分の心が、多くの
プログラムやプロセスを受け入れられると考えられるようになってい
れば、何らかの理由でがっかりしそうになった時に、プロセスを「デ
バッグ」するいくつかの方法を検討することができる。

適切な表現を選ぶ：どんなテーマや問題について考える時でも、ま
ずは状況・目標・アイデア・物事同士の関係を表現するところから始
めなくてはならない。そのような表現方法の例として、口頭で述べる、

絵や図で示す、あるいは一連の制約リストをまとめる、などが挙げられる（『ミンスキー博士の脳の探検』第8章7節を参照）。子供たちが、新しくより良い知識表現と、そのような表現を操作するプロセスを自ら作り出せるようになるためには、大人はどのように助けていけばよいのだろうか。

いくつかの音楽表現法

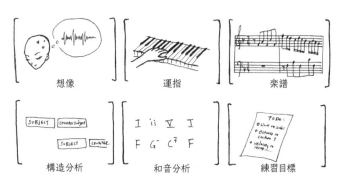

当てはまる類推を見つける：問題を解く最強の方法は、当然ながら、あらかじめ解決方法を知っていることである。しかし、将来まったく同じ状況に遭遇するということはあり得ないので、問題が解けた時も、答えだけを覚えておけば済むというわけにはいかない。**ただ、解法を知っているだけではなく、役に立つ類推を見つけるプロセスを持っていれば話は別である。**

類推

手のポジション：
りんごを持っているかのように

リズム：歩くように・
走るように・スキップするように

和音：なじみのある
場所を例示

ネガティブな専門知識：難しい問題を扱うためには、問題解決に役立ちそうな戦略だけではなく、よくある間違いについても知っておかなくてはならない。ある分野のうわべから断片的でばらばらな知識を得ただけでは使い物にならず、そのような知識の出どころの評価、適用できない例外、適用してよい状況、そして問題解決に至らなかった時に使う代替案などについても知らなくてはならない。

ネガティブな専門知識

よくある間違い　→　通常の対応策　→　例外の意識

速すぎる　　テンポを落として練習　　全体をつかむために
あえて速く練習

現実的な自己モデルの構築：「この問題の難しいところはどこなのだろう」と自分に問いかけてみるのは、問題解決法として最も有効なものかもしれない。だが、この問いに答えるためには、「自分はなぜ、どうやって意思決定をしているのか」、そして「なぜこの状況に陥ったのだろう」「そもそも自分の目標は何だったのか、どうやって目標を決めるのか」「新しいアイデアはどうやって生み出せばよいのか」という質問に答えられないと無理である。

より現実的な自己モデル

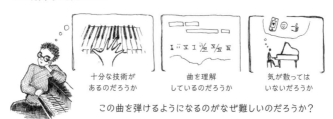

十分な技術が
あるのだろうか

曲を理解
しているのだろうか

気が散っては
いないだろうか

この曲を弾けるようになるのがなぜ難しいのだろうか?

　言い換えれば、自分を変えたい、と考える前に、自分の心的プロセスがどのように機能しているのかというモデルを、ある程度の精度で構築する必要があるとも言える。しかし、フロイトが1世紀以上前に見抜いたように、そんなプロセスの大半は、他の思考素からは直接観察することのできない形で動作している。さらに言えば、心の上層には、そのような観測の試みを抑制したり検閲したりする機能が発達しているかもしれないのだ。ただ、仮にそうだとしても、十分な証拠を集めて分析すれば、役に立つような自己内省を行えるはずである。

心の上層の検閲家

みんな私は上手だと
言っているんだから、
まさかミスする
わけにはいかないわ

『ミンスキー博士の脳の探検』の第7章では、「思考の豊かさ」に貢献している心理的スキルについて述べている。例えば、たいていの「事実」には例外があると理解すること、よくある間違いを知っておくこと、よくある行き詰まり方に応じた打開策の準備をすること、目標が競合した時の解決法を用意しておくこと、などが挙げられる。また、物事の表現方法を複数知っておくと、ある1つの方法で行き詰まった時に他の方法に切り替えることができる。さらに言えば、最も重要なのは、学ぼうとしていることに関する「認知マップ」を作る技術であり、どのレベルでいつ作業をするのが効果的かを、これによって判断できるようになるのである。

水平な特技、垂直な特技

いろいろな趣味は、概念的に「水平」なものと「垂直」なものとに分類できる。「水平」な趣味とは、「同じレベル」にある知識の集合に、同様なプロセスを何度も繰り返し適用する楽しみ方と言える。例として、漫画本や、映画やスポーツに関しての豆知識を集める子を想像することができるだろう。「垂直」な趣味は、下のレベルに分断化された知識がある時、それらの原因や入手元や意義などを部品として、概念のタワーを高くしていくことを楽しみとするようなものである。こうした趣味では、成長するにつれ、より幅広い種類の心理的プロセスの助けを借りて、より複雑になっていく状況や問題を扱うことになるだろう。いくつかの例を、以下に挙げてみよう。

数学的概念について考える：義務教育で見られる、砂漠を渡るような伝統的算数教育ではなく、子供に対称性や写像や類推というアイデアの山を登るように促してみてはどうだろうか。もちろん幾何学、論理学、群論やトポロジーに関する簡単な概念から始めるわけだが。こ

のような分野を探求することで、より多くの知識と能力をより少ない
労力と時間で得ることができ、他の教科を学ぶ時にも役立つだろう。

作曲や小説・劇の執筆：小説やソナタを書いたり、歌を作曲したり
するには、多くの階層で計画を立て、設計をする必要がある。面白そ
うなプロットを作り、それを主題や興味深い葛藤(かっとう)、緊張を持つ人物で
肉付けしていくわけである。そして、これらの要素をすべて1本の時間
軸上に凝縮しなくてはならない*3。

運動：チーム競技として対抗戦をすることは、助け合い・戦術理
解・マネージメント技術に関するアイデアを発達させる良い方法であ
るとされている。多くの子供たちがスポーツに参加しているわけだが
(しばしば、それがその子にとって唯一の活動だったりもする)、学校
で競技スポーツを強制するのは、かなりの数の子供にとって恐怖や
差恥心(しゅうち)を引き起こすもととなっている。もちろんスポーツは肉体的な
健康を養うが、怪我や障害を引き起こすことなく同じ効果が得られる
方法も、他にあるはずである。また、運動能力というのは遺伝子によ
るところが大きいため、運動能力の高い人をロール・モデルとみなす
のはばかげている*4。さらに、競技スポーツが常に社会的に望ましい
価値感を奨励するとは限らない。大げさに言えば、問題解決法として
肉体的な優位性を使うことを教えるという意味で、物理的な争いを奨
励しているとも言える。

物理的な制作活動：実際に空を飛べる飛行機模型を作るには、素材
の性質を知り、形を持った部品にし、それらを組み合わせてさらに複
雑なものにしていくという、膨大な知識と作業とを必要とする。この
作業から、例えば力学的理由により翼の根元は翼端よりも強くなくて
はならないことを、理解できるようになる。こうしたプロジェクトは、

いったいいくつくらいの側面を持ちうるものなのか、考えてみよう。思いつくものとしては以下のようなものがある。ナイフ・ノコギリ・ヤスリ・ノミでどのように形を作っていくのか。道具の手入れは、いつどのようにするべきなのか。溶解・鋳造・板金・変形といった操作をいつどのようにするのか。釘・ねじ・ハンダ・糊付けをどう使い分けるべきなのか。構造的強度を向上させる時に、より剛性を上げた方がよいのか、柔軟性を与えるべきなのか、補強材や桁を入れるのか、あるいは強い接着剤を使うのがよいのか。車軸とベアリングはどのように機能するのか。エネルギーを蓄えるにはどうしたらよいのか。摩擦を軽減するにはどうしたらよいのか。さらに一般的に言えば、全体を設計するための計画は、どのように立てるものなのだろうか。

シミュレーションを利用した制作活動：最近では、匠の技術といったものは消滅しつつあり、電気工学も、中身の見えないチップを使ったものに変質してしまっている。エレクターやメカノといった組み立てキットも、レゴに取って代わられてしまった。しかし、今日ではアルマジロ・ラン（Armadillo Run）※3や、何百何千という数のブロックを使ってもコストをかけずに物理的な仕組みをシミュレートできるソフトウェアがある（LEGO Digital Designer※4。https://www.lego.com/en-us/ldd）。さらには、作ったデザインを3Dプリントの会社に送り、実際に使えるモデルにすることもできる。このような仕組みは現時点ではまだ値段が張るが、近いうちにとても安価に利用できるようになるだろう（https://en.wikipedia.org/wiki/Fab_labを参照）。

※3　訳注：物理ベースのパズルゲーム。空間の特定のポイントにアルマジロを到達させる目的で構造を構築する必要がある。
※4　訳注：既にサポートは終了しており、オフライン版のダウンロードのみ可能。

コンピューターに基づく製造工程：匠の技が衰退してしまったことは残念に思うが、逆に言えば、コンピューター・プログラムを用いて設計やテストをすることができ、さらには数多くのレベルでの表現を使える可能性が無限に広がったとも言える。シーモア・パパートが初期の例について書いたものとして、以下のようなものがある。

このような体験の1つの例は、コンピューターが動かす「タートル」との鬼ごっこをする時に、手動で操作するよりも上手に鬼ごっこができるような、簡単なヒューリスティックスを使ったプログラムを書くことだ。同様な例としては、伝統的な*CAI（コンピューター補助による教育）*で使うような教育プログラムを子供たち自身

で書く、というものがある。発案から実装、開発、さらには（他の子供に協力してもらって）テストまで子供だけで行う。「物事を学ぶ最良の方法は他人に教えることだ」と言われるが、もしかしたら、教育用プログラムを子供自身が書くことは、よくある勘違いや間違いを想定せざるを得なくなるという意味で、単に教えるだけよりもさらに強い教育効果があるのかもしれない。子供たちの中には、計算を教えるプログラムを書くことや、仲間の書いたプログラムの良いところと悪いところについて批評することに情熱を持つようになった者もいた[*5]。

頭でっかちが直面する悩み

「賢い」子は、「運動神経の良い人気者」から敵意を受けがちである、ということを認識しておく必要がある。「オタク」や「頭でっかち」や「ネクラ」呼ばわりされたり、仲間外れにされたり、肉体的にいじめられたりすることまである。一方で、理数系以外で何か得意なことがある子供は、ここまでの扱いを受ける可能性は低い。私が思うに、この理不尽さは多くの学校にある大きな問題であり、理数系をばかにするのは実世界でも深刻な結果をもたらす。「ミリオン・ビリオン・トリリオン（100万・10億・1兆）」[※5]は耳で聞いた時には似たようなものに聞こえるが、「桁の違い」がどれだけの大きさの違いなのかを理解していないと、「1兆ドルの負債」がどれだけ恐ろしいのかわからない[*6]。

　私のアイデアは、子供たちに、「賢い子でいるのはいいことなん

※5　訳注：英語ではmillionとbillionが似たように聞こえるということが、しばしば話題となる。

だよ、それにケチをつける人のことは気にしなくていいんだよ」、というイメージを見せることだ。私は子供みながオタクになればよいと思っている。ここでのオタクとは、勉強したり物事を習ったりする方が、社会的地位を得るために競争するよりもよいと思っている人、という意味である。ただ、社会的地位を得るために戦っていないと、ずるずると社会的不適合と言われるところまで落ちてしまう可能性があるのは残念だが。

——ジェラルド・サスマン

自己批評的思考を育てる

このエッセイでは、学校はそれぞれの子供が何らかの得意分野を持てるように、時間をたっぷりと与えるべきであるという主張を述べた。既存の授業をすべて撤廃してしまえばよいということではなく、プロジェクトや趣味に使う時間を増やし、ドリルやテストや宿題の時間を減らすという提案である。

もちろん、多岐にわたるであろう子供の得意分野すべてに、専門的な助言を与えられる教師は非常に少ないだろう。そのため、子供には学校外でのメンターが必要となる。以前は非現実的だったが、何十億という人が引退生活を送る時代になりつつあり、子供とメンターの組み合わせをうまく見つけられるようになれば、どんな趣味や得意分野であろうとも、どこかから誰かメンターになれる人を見つけ、アドバイスを得ることができるようになるはずだ。

子供の心が、外部の助けなしで自発的に心の上層を自己構成できる範囲は、どのくらいだろうか。抽象化のレベルを上げたり、自己内省をするべき時はどんな場合で、どのようにすればよいのかを、子供に

どの程度まで教えられるだろうか。この疑問に関する議論を私はほとんど見たことがない。この疑問を突き詰める代わりに、人々は以下のような仮定のもとで教育方針を立てていた。すなわち、子供に適切なカリキュラムを与えさえすれば、子供の心はひとりでにその経験を表現できるようなプロセスの体系を作り出す、と考えたわけである。さらに、ある子供はこのような体系を作るのが上手だと気がついた場合には、その子は他の子と比べて生まれつき賢いのだということにして、何が本当に起こっているのかを見極めようとしないで終わらせてしまうのだ。

このようなことを明示的に議論することに、意義があるのではないだろうか？ エッセイ6では、心に関するアイデアを早期教育の体系に組み込んでいく方法について提案したいと思う。

ESSAY6 まえがき

——パトリック・ヘンリー・ウィンストン

　学校では、ありとあらゆる勉強に時間を割り当てている。読み・書き・計算、そしておそらくは全米各州の州都名を覚える……という具合だ。だが、考える方法を学ぶ時間はあるのだろうか？　もしあったとして、その時間に子供は何をするのだろうか。より良い考え方を教えるという段階から一歩進んで、子供が自分自身により良い考え方を教えられるようにするには、どうしたらよいのだろうか。ミンスキーは、このような疑問にエッセイ6「教育と心理学」で答えようとしている。

　ある時、私の研究の中で、ある数式の積分を求める必要が出てきた。大昔、MITの新入生の時に微積分の授業は取ったのだが、この数式をどう扱ったらよいのかわからなかった。その時に、ミンスキーから聞いたことを思い出した。それは「もし迷ったら、コンピューターのプログラムがどのように動作するのか考えてみよ」ということだった。そこで、微積分の教科書を探す代わりに、ジェームス・スレイグル（James Slagle）による記号的積分プログラムを引っ張り出してくることにした。そのプログラムは、彼がミンスキーの学生だった時に書いたものである*1。このプログラムは私の数式の積分解を求めることができた。ミンスキーはこのエッセイで、ある種のアイデアを小学校で先取りして教えてしまおう、という主張をしている。自分の書くプログラムに考えさせる方法を発見することで、「考えることを考える」ためのきっかけとし、子供たちがより深く考えることについて考えられるようになる、

ということである。

　ミンスキーは、考えることを考えるための強力なアイデアとして、物事に適切な名前を与えること、そして名前によって考えが深まることを述べている。このエッセイでは、フィードバックという概念を例として述べている。「私はすべての人がこのアイデアを理解しておくべきだと思っている。しかし、人々がこれらのプロセスに関する概念を適切な名前で呼ぶことができない限り、このことについて考えたり勉強したりするのは非常に難しく思われることだろう」(エッセイ6)。私の同僚ジェラルド・サスマンもまたミンスキーの学生であったが、彼も同じアイデアについて述べている。「何かに名前を付けることは、そのものを支配することである」と。いったんフィードバックという言葉を獲得すれば、フィードバックというアイデアを支配することができる。私はこれを、グリム童話に登場する、粉ひきの娘が小悪魔の名前を知ることにより小悪魔を支配する力を得たという話から「ルンペルシュティルツヒェン(Rumpelstiltskin)原理」と呼んでいる。

　ミンスキーは、他の強力なアイデアについても説明している。問題をうまく記述すること、状態という概念、分割統治※1、困難に直面した時に何をするか、というようなアイデアは、ミンスキーがシーモアとともに子供のためのLogoプログラミング言語を作っている中で生まれたものと関連している。

　ミンスキーとパパートは、フィードバックを使うようなプロジェクトを好んでいた。なぜかと言うと、フィードバックは強力なアイデア

ESSAY6　**まえがき**　──　パトリック・ヘンリー・ウィンストン

※1　訳注：分割統治法のこと。そのままでは解決できない大きな問題を小さな問題に分割し、そのすべてを解決することで、最終的に最初の問題全体を解決する、という問題解決の手法。

であり、子供たちにとっても、線をトレースするようなロボットを制御するために、線からなるべく外れないようにするプログラムを書くのは楽しいことだからだ*2。このプログラムを書いた後には、子供でもニューウェル・サイモン式の問題解決器（エッセイ6では「GPS：一般問題解決装置」と述べられている）が、同じ差分削減というアイデアに基づいていることを見て取れるようになる*3。問題解決器は、問題を解いている途中経過である現在の状況と、問題が解決できた時の状況との差を減少させるような演算を行う。差分削減のアイデアを知り、それに名前を付け、その威力を知ると、子供たちは差分削減のアイデアを他の問題に自分自身で適用できるようになる。つまり、彼らはどうやって考えるのかについて1つ重要なことを学んだことになる。

　ミンスキーがこのエッセイの中で提案しているプロジェクトの中には、博士課程未満の学生には手に負えないように思われるものもある。しかし、こういう提案をするのが、まさにミンスキーをミンスキーたらしめているゆえんである。彼と顔を合わせて対話をしているうちに、驚くべき計画のきっかけが彼の提案から生まれ出てくることがあった。彼は誰をも同じように扱い、年齢・性別や他の何であれ、興味深い結果を得ることと関係しないものは無視したのである。

　ミンスキーがエッセイ6を書いてから10年が経ち、その間に、彼が教育プロジェクトとして取り組むことを提案したもののうち、物体認識プログラムなどいくつかは、大規模なコンピューティング資産を持つ大きな研究グループにより達成された。ディープ・ニューラル・ネットワークが、ある意味思いもよらぬ形で、猫と犬を見分けられるようになったのだ。それでも、ミンスキーの提案は今でも有効である。なぜなら、人間がどのようにものを見ているのかということを解明するのは、いまだに難しい挑戦だからだ。

どうやらミンスキーは、このエッセイで提案している、知覚を実装するというプロジェクトは、子供でも着手できるくらい簡単にできると考えていたようだ。一方で彼は、人間的な常識を要するプロジェクトはより難しいとみなしているように読み取れる。しかし、ミンスキー自身は、難しいと思えることはしばしば簡単であり、その逆もまた正しいのだと言っていた。今日私たちが持っている文字認識や音声認識に関する知識のことを思えば、もしかしたらミンスキーが難しいと考えていた認知的プロジェクトの方が実は簡単なのかもしれない[*4]。教育と心理学に関するエッセイ6を読むと、彼の提唱する「考えることを教える」というアイデアは、私がミンスキーに触発されて行っている「人間が他の動物から際立っている点と言える、物語を理解する能力に関する研究」と補完的な位置付けにあるのではなかろうか。そう思わずにはいられない。

　以下で、私が最近考えていることを紹介してみたい。私たちは常識を持っている。そして、私たちは推論ができる。しかし、常識に基づく推論というのは、レシピに従った作業の特殊例であり、レシピに従う作業というのは、物語を語ることの特殊例である。だとすれば、子供たちはロボットをプログラムして知覚と行動についての理解を深めるだけでなく、一歩進んで、物語の理解について考えるプロジェクトを通して、物語がどのように機能しているのかを理解していけるのではないだろうか。

　私は子供の頃、文を図で表して遊ぶのが好きだった。その遊びを通じて私は文の構造について多くのことを学んだ。それと同じように、子供たちに物語を図示させてみてはどうだろうか。どの出来事が他のことを引き起こしているのだろうか。『3びきのくま』[※2]の話を理解するためには、常識に関する規則がどれだけ必要だろうか。仮定を置く必

要が出てくるのは、どんな時だろうか。物語の筋と、常識の規則があれば、物語の中の出来事をぴったりとつなぐ図を描けるだろうか。逆にその図から、例えば復讐（ふくしゅう）というような概念を認識することができるだろうか。

　紙と鉛筆を使ってのシミュレーションから始めても、多くのことができるだろう。プログラムを書くのは後からでもよく、「物語執筆用Logo」のような言語を作るのがよいと思われる。説得力のある物語を作るというプロジェクトを子供たちに取り組ませてみてはどうだろうか。説得力を持たせるにはどうしたらよいのか、と思い巡らすことになるだろう。また、他の人が使っている説得のテクニックを理解することにもつながる。そこから、信頼性を見積もる方法を考えることにもなるだろう。フェイク・ニュース発見器を作るきっかけになるかもしれない。これらのアイデアは、子供に手品を習わせるというミンスキーの提案にぴったりだ。手品は、知覚のトリックを理解するということである。物語の理解の方は、何かについてごまかしが語られている時に、その問題に関する立ち位置に応じて説得力のある本当のこととして聞こえたり、あるいはプロパガンダとして聞こえたりする。子供たちが、物語はどのように機能しているのかを理解できれば、大人よりも優れた政治の参加者になることだろう。しかし、より重要なのは、そのように成長した子供たちは、近代社会のストレスの影響を受けにくくなるだろうということだ。

　このエッセイの結論では、ミンスキーは「私（I）」と考える代わりに「私の部分（My）」と考えることについて述べている。「私の部分」というのは、頭の中はバグ修正可能な個別の部分からなっている、と考える

※2　訳注：原題は『Goldilocks and the Three Bears』。

166

ことだ。一方で「私」というのは、自分は単一のものであって、分けられる部分などはない、ということになる。私が見るところ、誰でも頭の中に自分に関する物語を語る部分がある。その部分は欠くことのできないものだが、ほとんど常にバグがあるように見える。誰でも自分を貶（おとし）めるような物語を作ってそれを自分に読み聞かせることがあり、結果として落ち込んでしまうこともある。一方で、危険なまでにナルシスティックな物語を作ることもある。この問題には解決策はあるのだろうか？ もしかすると子供に、自分自身に関する物語を語るようなプログラムを作らせることによって、そのプログラムが間違った話をした時に何が起こるのか観察できるようになるかもしれない。これにより、子供が間違った物語に行き当たった時にそれを認識し、もしかしたら回避できるようになるだろうか？

　私はいつも、ミンスキーの著述はダイヤの鉱山のようなものだと思っている。大量のアイデアが埋まっており、カットして磨くと素晴らしいきらめきを見せるのだ。この教育と心理学のエッセイもまた、そのとびきりの例だと言えるだろう。触発されるアイデアがたくさん詰まっているので、今読んだところが次に自分がやろうとしていることにどのような意味を持つのかを考えてしまい、何度も読み返す必要があったくらいである。

ESSAY6

EDUCATION AND PSYCHOLOGY

教育と心理学

　大人たちが学校に求めるものは何だろうか。多くの保護者は子供が歴史や国語、化学、算数をしっかりと学んで、さらには保健や体育、美術についての授業があることも望んでいるだろう。また、子供が規則に従った文化的な行動をすることも学んでほしいと思っている。そして間違いなく、子供が**うまい考え方**を学ぶことを学校が手助けするべきだと思っているだろう。しかしながら、学校では、教科に関連する事実を教えることはできるようだが、多くの生徒は、習った知識を活用するスキルは身につけそこねているようだ[*1]。

　しかし、頭を上手に使えるようにすることが最も重要なのだとすれば、人間がどのように物事を学ぶのか、どのように推論するのかということを、なぜ教えないのだろうか。その代わりに、知識を十分に頭に注ぎ込みさえすれば、その知識を適用できるように子供の脳が「自己組織化」するのだと、暗黙のうちにみなしているかのようだ。もしかすると、「人間心理学」といった教科を小学校段階で教えた方がよいのだろうか？ 私はまだそうした段階には至っていないように思う。なぜなら、

今日の先生方には、どの「考え方の理論」を教えればよいのかという合意があるとは思えないからである。

　その代わりに、このエッセイでは違うアプローチを提案したい。この提案の主眼は、**子供が自分自身についての理論を作り出せるようにするためのアイデアを提供する**、ということである。以下では、このアプローチによって得られる利点を説明し、そして現実性のある実現方法について述べる。まず先に要点を言うなら、コンピューターを活用した、構成主義的なプロジェクトに取り組ませよう、ということになる。

小学校で心理学を教えられるのか？

　今日の最も典型的な「学習理論」は、状況に応じて動物が取った行動に基づいて餌という報酬を与えると、動物は次回以降同様の行動を繰り返すことが多くなるという、ハトやネズミを使って1世紀以上連綿と繰り返された実験結果に基づくものだ。

> 　他の実験条件が一致する状況で取られた何種類かの反応のうち、その動物が好む結果をもたらしたものが、より強くその状況に関連付けられる。その結果、同じ状況が再現された場合、同じ反応が繰り返される頻度が増加する一方で、不快をもたらした反応は頻度が低下する。
> ——エドワード・ソーンダイク (Edward L Thorndike, 1911)[1]

　このような実験では、即座に報酬を与えた方が効果が大きくなると

※1　訳注：米国の心理学者。試行錯誤学習の研究で有名。

いう結果が出るので、教育者は同じような問題が繰り返し載っている問題集を使うことが多い。こうすれば、ほとんどの答えが正解となり、より頻繁に報酬が得られるため、教室がより楽しいものとなる。このように成績を付けやすい課題は、短い答えを求めるようなテストの準備にはなるだろうが、実世界では問題が解きやすさの順番に出てくるわけではないため、その準備にはならない[*2]。

　しかしながら、この類の学習では、動物が状況、または「刺激」をすでに認識でき、取るべき行動または「反応」をすでに保持している時にのみ良い効果が得られる。このような条件を揃えるために、従来の実験では、被験動物が取りうる行動を制限し、2つだけあるボタンのどちらかを選んで押すという単純なものにすることが多かった。この制限のもとでは、報酬に基づく学習理論によって類人猿またはそれ以下の動物の反応をとてもよく予測することができた。しかし、この理論は観察可能な行動、すなわち感覚刺激に対する筋肉反応のみを述べたものであり、人間が頭の中でより複雑な問題や状況にどう「反応すべきか」を学んでいるのかについては、説明できなかったのである[*3]。

　いずれにせよ、子供はハトやネズミではない。古典的な実験では、人間が頭の中で知識をどのように表現しているのか、後でそこから重

要な情報をどのように取り出して推論、計画、そして新しいアイデア作りを行うのかについては説明できなかった。私たちがこの古い理論をハトから人間に拡張しようとした時に、高次の心理、すなわち私たち人間と動物との違いに関しては、有益な知見をほとんど得られないことが明らかになったのである。

1940年代に、心理学のより先進的なアイデアが、サイバネティクスという新しい分野から現れてきた。サイバネティクスは、後に認知心理学と人工知能の分野に進化した。この新しい科学分野は、心に関する新しいアイデアを次々と生み出したが、そこで用いられている概念は今でも急速に変化しているため、教室で教えるには不安定すぎる。そのため、初期の研究で得られた「観測可能な行動」に関するアイデアがいまだに、現在の教師たちの指導法を形作っているのである。

行動主義理論の問題

人間はネガティブな専門知識も学ぶ。私たちは、知識というものはポジティブなもので、「専門家」とは何をしたらよいのか知っている人であると考えている。しかし、専門家が実際に仕事をする時には、よくある間違いを知り、それによって何をすべきでないかという知識が重要な役割を果たしている。つまり、専門家の仕事能力は、非生産的な考え方を検出し、それを「抑制する」ことに基づいているのである。適切な学習理論というものは、「内省する技術」、つまり例外と一般例とを判別する技術もカバーすべきである。この技術によって、時間を無駄にするような問題解決戦術を使い続ける危険を防ぎ、長期的な計画を練る能力と、幅広い視点を身につけることができる。いずれにせよ、初期の行動主義心理学者は、ネガティブな専門知識が人間の行動にどのような影響を与えているのかを観測できなかったために、その重要

性に気がつかなかった。特に、新しい問題に直面した時、私たちが成功よりも失敗から学ぶということに気がつかなかったのである[4]。

　人間の心には高次の「起因の特定」[2]という機能がある。新しい状況が、経験したことのあるものとまったく同じであることはまずない。ある難しい問題を解決できた時に、どんな行動を取ったのかということだけを暗記しても役には立たない。おそらくは、成功する前に多くの失敗に終わった試みもあっただろう。最終的に成功したからといって、途中で試みられた失敗に対して単純に「報酬」を与えることに意味はないだろう。また、成功につながった直近の試みに報酬を与えることが何らかの効果を持つ場合もあるだろうが、一般的には、早い段階で取られたいくつかの大局的意思決定の中で、直近の成功につながったものを識別し、それに報酬を与えることが重要である。このことはエッセイ3でも簡略に述べたが、『ミンスキー博士の脳の探検』の第8章5節も参照してほしい[5]。

※2　訳注：エッセイ3の訳注※2を参照。

人は、自分が考えているということを考えることがある。 最終的に失敗に終わった試みに多くの時間を「無駄にしてしまった」時は、普通その理由や原因を見極めようとするだろう。しかし、旧来の理論では、**自分が何を考えていたのかを考える**ための方法については説明できない。しかし、私にはこの「自己内省的」なプロセスこそが、**新しい考え方を発展させる**ために人々が使っている根本的なものであるように思える。

> 心理学の学生：それぞれの子供には生まれた時から IQ という指数が決まっていて、それは後からは変わらないというのが、確立された事実ではないのでしょうか。

知能指数が子供時代以降ほとんど変わらないことに基づいて、それぞれの人が持っている「知性の量」は固定されているという考えが一般に受け入れられている。しかし、その根拠には、他の重要な要因を無視したバイアスがかかっているように思う。

> 20人の天才的な男性の生物学的情報を集めた結果から、彼らの発達時における以下の傾向が示唆される。(1)親やその他の大人から子供に注がれる、教育への努力やあふれるばかりの愛という高い関心、(2)他の子供、特に家族外の子供からの孤立、(3)上記の状況への反応としての空想力の開花。(もしこれが事実であれば)公立学校における大衆教育システムは、これら3つの傾向を減殺するための壮大な実験であると言え、したがって、天才の出現を抑制する結果につながるだろう*6。
>
> ——ハロルド・マッカーディ（*Harold G. McCurdy, 1960*）

これは、エッセイ3で述べた話とも関連している可能性がある。

> 6歳児を集めたクラスを作ると、間もなく子供たちは似たような考え方や行動を取るようになる。翌年の7歳児の時点でもほとんどの子供は同じグループに属したままになり、同じパターンの行動が維持されることになる。8歳になっても同じ態度・価値基準・学習方針のままとなる。結局12年生になるまで同じであり、身につけた考え方の大きな部分が6歳児だった時から変わらないことになってしまう。
>
> ——エッセイ3

　人間の思考は、予測・比較・計画立案を含んでいる。標準的な報酬に基づく学習法では、ハトやネズミは単にIfとDoの2つの部分、つまり「もし状況がSなら、動作Rを実行する」という形式のルールを集めたデータベースのようなものとみなしている[*7]。このようなルールは、観測可能な行動の説明まではできるが、人間は2つの動作を実行前に心の中で検討することがある、という事実を無視している。いくつか実行可能な動作がある時には、人間はそれらの動作の結果を予測し、想像上の結果を比較することができる。この事実から、私たちの理論をハトから人間に拡張していくためには、**取りうる行動が起こす影響の予測という概念**を含まなくてはならない。

　しかし、If→Doルールという定式化では予測される結果を含むことができないので、If→Do→Thenという3つの部分からなるルールが必要となる。例を1つ挙げてみよう。「もし状況がSであれば、動作Rを実行し、その結果は状況Tになる」[*8]。コンピューターとプログラミングの時代が幕を開ける前には、このようなルールをシミュレーションすることは、想像することさえ難しかった。そのため、初期の行動主義心理学では、人間は長期の計画と戦略を立てるという事実を無視せざるを得なかったのである[*9]。

人間は目標に向かって進むことで考える。あなたが道を歩いている時、見かけたすべてのドアを開けたり、落ちているものを何でも拾い上げたりはしないだろう。つまり、今やろうとしている動機や目標と相容れない場合は、適合するはずのIf→Doルールも実行されないということである。しかし、サイバネティクス以前の時代には、**目標とは何で、どのように機能しているのか**という理論を構築しようとした心理学者はほとんどいなかった。彼らはその代わりに、それぞれの動物の脳には目標・意図・動機・衝動ごとに個別のルールの集合がある、と安易に仮定していたのである。つまり、空腹を感じた時のルールが1組、怒りを感じた時のルールが1組というように。1957年にアレン・ニューウェルとハーバート・サイモンがより前向きな理論を提唱した。それはGPS（一般問題解決装置）と呼ばれる、2種類の記述を操作する特殊なプロセスである。

　　S：機械が現在置かれている状況の記述

　　G：機械が将来遷移して「いきたい」状況の記述

　　GPS：**S**と**G**との差を求め、その差を減少させる可能性の高い何らかの動作を繰り返し行うことにより、**S**を**G**に近づけようとするプロセス

こうしたプロセスは、あたかも私たちが「目標を達成しようとしている」と呼ぶような振る舞いを見せる。なぜなら、他のプロセスがGを変更したり取り除いたりしない限りは、「今まではこうだった」と「これからはこうなってほしい」の差を減少させるべく不断の努力をするからである[10]。

しかしながら、人間の学習というのは好ましい報酬を受けることだけに依存しているわけではない。私たちは既知の状況からの小さな逸脱であれば、手持ちのスキルを少しだけ変更することによって対応できる。しかし、もしまったく違う環境に放り込まれた場合は、古いテクニックは捨て去ってしまわなくてはいけないかもしれない。これは痛みとつらさを伴うことになる[11]。

喜びとは、美しいもの、音楽的なもの、良い香り、おいしいもの、柔らかく手触りのよいものを追い求めることである。ただ、新奇性を追い求める好奇心という衝動からは、反対のものを追うことになる。もちろん、不快感を目標にするという意味ではなく、

実験と知識獲得への情熱を持つことからの帰結である。
　　　　　　　　　　　　──アウグスティヌス『告白10巻』

　なぜ子どもたちは遊園地の乗りものに喜んで乗るのだろうか。乗りものに乗るのは、怖かったり、また時には気分が悪くなったりするのを知っているにもかかわらず、どうして喜ぶのだろうか。探検家は、なぜ苦しみや痛みを我慢するのだろうか。いったん目的地を踏破すれば目的がなくなってしまうことを知っていながら、なぜそうするのだろうか。また、ふつうの人たちでも、嫌いな仕事を何年も続けられるのはどうしてだろうか。いつか、望んでいたことができるようになる日が来ると……望んでいたことが何だったかを忘れてしまった人もいるようだが……。[中略]数学をするにも、凍てついた山の頂上に登るにも、あるいは足でパイプオルガンを弾くことに対しても、同じことが言える。つまり、心のある部分では嫌がっているのに、別の部分は、嫌がっている部分によって自分がはたらかされるのをむしろ喜んでいるのである。
　　　　　　──マーヴィン・ミンスキー『心の社会』第9章4節[※3]

　言い換えれば、冒険心で不快感を克服できるというわけだ。喜びやポジティブな報酬だけでは、難しいことを学ぶには十分でないとわかった時には、アウグスティヌスが「実験と知識獲得への情熱」と呼んだように、私たちは不快感と痛みを楽しむように自分自身を仕向けることができる。

　　市民：不快感を楽しむというのは、いったいどういうことなのか？ 自己矛盾した表現なのではないだろうか？

※3　訳注：安西訳から引用した。

これがパラドックスに見えるのは、人間が一度に1つの感情しか持てないと想定した時だけである。しかし、もし人間の心が、並行して動作する多数のプロセスを保持できるシステムであると想像してみれば、ある部分を苦しませることに喜びを感じる他の部分があってもおかしくはないことに思い至るだろう。ちょうど、何らかの失敗をしたことに気がついた時に、「あ、勉強になってよかった」というように。事実、スポーツのコーチはまさにこのことを教えているのである。もちろん、芸術家や科学者が精神的苦痛を感じるのと同様に、スポーツ選手は肉体的な苦痛を感じているわけだ。しかし、何らかの方法によって、彼らはそのような痛みが手のつけられない苦しみの津波※4に陥ってしまわないようにする術を身につけているのである*12。

　科学者：自分の古いアイデアを新しいもので置き換え、そして新しいものが競争相手のものよりも優れていることを示せた時に勝る喜びは、なかなかない。

　芸術家：必死になって練習したテクニックから卒業してしまうのはつらいが、その代わり新しい表現方法や思考方法を生み出そうとする喜びに勝るものはない。

※4　訳注：原文はcascade（階段状の滝）だが、原著者とこの語の訳を協議した竹林訳に従って「津波」とする。

1907　　　　　　　　　1932

　物事を学ぶというのは、うまくいくやり方を知るだけではなく、失敗が目に見えた時にどうするのかについての知識を得ることでもある。私は、『ちびっこきかんしゃだいじょうぶ』※5の中で、「きっとだいじょうぶ、きっとだいじょうぶ」と、主人公がむやみに繰り返すのが気に入らない。「そろそろやり方を変える時かもね」と言った方が、どんなつまずきでも精神的発達の新しい段階に入る良いチャンスを提供してくれるという意味で、より良いモットーかもしれない。

　伝統的理論では、喜びを説明できない。心理学の黎明期以前から、喜びという報酬が学習を助けるという考え方には合意があったのだが、それがなぜなのかについて、納得のいく説明をいまだかつて見たことがない。以下で、「喜び」がどのように機能するのかについての私なりの説明をしてみよう。

　　喜びとは、自分の心が、直近に考えていたことから「話を変えてしまわないように」しているプロセスを指す言葉である。「起因の特定」を完了するためには、現在の記憶をある程度の期間にわたって

※5　訳注：イントロダクションの訳注※1を参照。

とどめておくためのこのような機構が必要になると思われる。

　つまり、私たちはたいていの場合、喜びはポジティブなものと思っているが、時には、ネガティブなものだとみなす必要もある。それは、起因の特定が進行している間に、競合する活動を抑制する働きがあるからだ。同様に、難しい問題に取り組んでいる時には、気持ちが他の興味に移るのを抑制する必要もある。

　しかし、もし喜びにネガティブな側面があるならば、なぜ喜びを「良い気持ち」だと思うのだろうか。この問いに対して、しばしば「気持ち」というものは、基本的で単純であり直接的なので、それ以上説明することはない、と答える人がいる。しかし、心理学においては、最も単純だと思われたことが、実は最も複雑だったという例がよくある。ここでは、「良い気持ち」は「今のところ、他の興味をすべて抑制できているので、他の問題はすべて消滅したように感じられている」ということなのかもしれない。

心理学の代わりにサイバネティクスを教えよう

　以上のことから、心理学に関する私たちの理解はまだ発展途上であり、ある特定の「思考理論」を選んで教えようとするには無理があると言える。そこで、代わりとなる方針を提案したい。それは、「**子供たちが、自分たち自身に関する、自分たちによる理論を発明できるようなアイデアを、道具として提供する**」ことである。このエッセイの後半では、生物のような振る舞いをする機械を子供たちが作ることによって、そのようなアイデアを得られる可能性があることを提案したい。この提案に基づけば、物理・生物・数学・社会・経済というような、ばらばらのものとして教えてしまいがちな概念を、統合されたものとして取り組めるようになる。もちろん、そのような伝統的な教科に当てはまらないながらも重要な原理も、含めることができる。

　1940年代から、サイバネティクスという分野の研究により、機械にできることの範囲が洪水のように広がっていった。サイバネティクスからは制御理論、コンピューター・サイエンス、人工知能、そして認知心理学という新たな分野が生まれることとなった。これらの新しい科学分野の一つひとつが、私たちが「思考」と呼ぶ物事を実行するシステムの構築法に関する新しいアイデアを次々と生み出していった。今日ではシーモア・パパートの提唱した構築主義(constructionism)※6の精神に則った形で、知識に基づくプロセスが組み合わせられたネットワークを使って子供たちが実験できるようになっている*13。なぜこの

※6　訳注：心理学の構成主義 (constructivism) と関連し、学習を知識の伝達ではなく、再構築として捉える見方。取り扱いが容易な素材を用いて、有意義な成果物の構築を学習者が経験する活動こそ、最も効果的な学習であるとの考え。

ことが重要かというと、**私たち人間自身がこのようなネットワークだからである。**

　結果として、このようなアイデアを使って子供たちが自分たち自身について考えるようになる、ということも、現実的に思い浮かべられるようになった。子供たちは動物が持っている感覚・動作の仕組みを簡略化したものを作るところから始める。そのようにして作られた動物をある環境に置き、まずは個体ごとの独立した行動から始め、そこからグループの社会関係について実験していくことができるだろう。

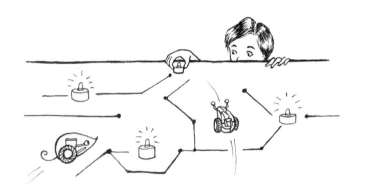

　このような実験をすることによって、子供たちの自己イメージが改善されるという証拠はあるのだろうか。私たちの答えは、まだ曖昧（あいまい）なものにならざるを得ない。過去には、このような実験が好結果をもたらした例もあったが、Logoを使ったそのようなプロジェクトは十分なスケールまで拡張されることがなかったのだ。しかし、現在では機器の価格が大きく低下したので、そうしたプロジェクトの実現可能性は大いに高まっている。

サイバネティクスやコンピューター・サイエンスは非常に特殊な分野であるため、小学校のカリキュラムに特別な場所を占めるほどの価値はない、という批判を受けることがある。しかし、コンピューター・サイエンスはコンピューターにのみ関係するものではなく、複雑なプロセスの集合、一例としての私たちの心の働きについてまったく新しい理解方法を提供しうるものだ。現在では私たちが使えるようになっている新しい技術、例えばプロセスを記述するための**プログラミング言語**や、知識表現を扱う**データ構造**などが現れるまでは、心理活動を記述し、アイデアを交換するようなことは不可能だった[*14]。

　フィードバック・ループを持つシステムを理解しよう。ルール・ベースのシステムは、他の種の生物の行動を記述することはできるが、人間は「状況」と「刺激」に直接反応するだけではない。例えば、先に述べたようなGPS（一般問題解決装置）のように、私たちはしばしば現実世界での状況と、「目標とする好ましい状況」とを頭の中で比較することがある。**その比較結果をうまく表現し、利用することによって、その目標に近づくために最適な行動は何かを決定する**ことができる。

　読者の皆さんは、私がなぜわかりきったことを繰り返しているのか疑問に思っておられるかもしれない。それは、なぜこのことが初期の行動主義心理学者にわからなかったのかと、私がいまだに疑問に思っているからである。もし、プロセス・ベースの概念を使って目標とは何かを説明すれば、私たち自身の行動についての見方が変わることだろう。つまり、**私たちは状況に直接反応するよりも、目的との差分により強く反応している**ということである。

　別の言葉で言い換えてみよう。もし私たちが目的に近づこうとするようなプロセスを使って思考しているのであれば、私たちの行動は、

目的そのものではなく、目的との差分に基づく「フィードバック・ループ」の結果とみなすことができる。もちろん、中には差分を増加させるようなループもあるし、減少させる傾向を持つループもあるだろう。また、差分を増加させるようなフィードバックがある場合は、指数関数的な増加という結果になることも想像に難くない（ただし、あっという間に資源を食い尽くしてしまうため、このプロセスが継続的に働くことはない）。差分を減少させるフィードバックがある時には、安定した信頼性のあるプロセスになるということも、想像に難くない。しかし実際には、これらの両極端の間には、驚くほど多様な現象を生み出すシステムが存在することも判明している。そのようなプロセスを研究する科学としてサイバネティクスが誕生したのである。例えば、フィードバックに時間遅延が組み合わされていると、周期的振動や、さらには数学者が「カオス」と呼ぶ複雑な現象を巻き起こすことが知られている。

いずれにせよ、実世界で見られるシステムは、事実上すべて何らかのフィードバック・ループを含んでいる。そのため、私はすべての人がこのアイデアを理解しておくべきだと思っている。しかし、人々がこれらのプロセスに関する概念を適切な名前で呼ぶことができない限り、彼らがこのことについて考えたり勉強したりするのは非常に難しく思われるだろう。フィードバック・ループについて学ぶための1つの簡単な方法は、ロボットのタートルに（あるいはコンピューター上のタートルに）床に書かれた線をトレースさせることであろう。これは、足元の線が右側にあるか左側にあるかを検知し、その情報をもとに方向を変えるというものだ[*15]。

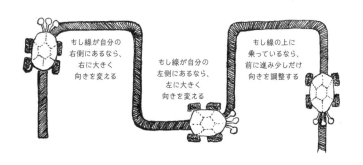

もし線が自分の
右側にあるなら、
右に大きく
向きを変える

もし線が自分の
左側にあるなら、
左に大きく
向きを変える

もし線の上に
乗っているなら、
前に進み少しだけ
向きを調整する

　基本的なアイデアは単純なようだが、実際にやってみると、子供た
ちはロボットの向きが一度に大きく変わったり障害物に当たったりし
て線から外れることがあるのに気づくだろう。ここで、子供自身が問
題を回避したり問題から復帰するためのさまざまな対策(例えば、障害
物を探索する、など)を発明する機会を得ることになる。また、移動す
る物体の場合は、物体の軌跡を記録したり予測したりもできるだろう。
これにより、さらに大きな世界への扉が開くことになる。子供は、例
えば動いていたり、さらには逃げようとする別の動物を追いかけると
いうような、より高度な動作を自分の作っている動物に追加していく
ことが考えられる。なんと。社会活動を扱う段階に一気に入っていく
わけだ。

サイバネティクスのプロジェクト

　心理学やサイバネティクス、そして他の分野を組み合わせることに
より1950年代に出てきた新しい概念を広範にカバーしようとすると、
新しい本をまるまる1冊書かなくてはならないだろう。私には、この巨
大な知識の集積をきっちりと組織立てて示す方法が思い浮かばないの
で、以下に、子供たちが取りうるアプローチをまとめたリストを掲げ

たいと思う。まずは分野を限ったプロジェクトの例から始めよう。

ロボットを使ったプロジェクト：現在のところ[7]、作るのが簡単という理由から、ロボットを使ったプロジェクトとしては、車輪で移動する車両型のものが多く用いられている。しかしながら、私は歩行型ロボットをデザインしようとするプロジェクトにもっと取り組んでもらいたいと思っている。なぜなら、そのようなロボットはより汎用性があるからだ。四足歩行機械を作るのはそれほど難しくないが、二足歩行ロボットを安定させるのはかなり難しい。しかし、いったんロボットが倒れないように制御できるようになれば、跳んだり走ったりするものに改良していけるのだ。もちろん、そのような動物が複数いて相互に影響し合う環境を作るというアイデアから、さらに新しい世界が広がることになる。それら全体を一括制御したり、あるいは個体同士で通信させるということも考えられる[16]。

※7　訳注：本稿で触れられている「現在」の状況は、本稿が執筆された2008年時点の内容となっている。

シミュレートされたロボットと実際のロボット：実際の機械的なロボットを初めて見た時に人々が喜ぶ様子は、驚くべきものである。しかし、実験環境をより正確にデザインし制御できるということから、生徒たちは次第にコンピューター上でシミュレートされたロボットを扱うようになっていく。物理的なロボットの問題点は、瑣末でありながらも修正時間のかかるバグ対応に、生徒の時間の多くが使われてしまうことだ。また、実験結果が再現可能になるようにロボットの環境を調整することも難しい。生徒の時間を有効に使うためには、素早く操作でき、かつ現実的で「バーチャル」な世界を提供する必要があるだろう。

一方で、近年では、修理可能な製品が減ってきているために、機械的な装置を作ったり修正したりする技術を持ち合わせている子供が減ってしまっていることも考慮しなくてはならない。そのため、実際のロボットを作ってみるのは、「機械が手に負えない」という、子供たちが昨今強く感じつつある感覚を軽減させる、素晴らしい方法である。グーグルで「ロボット・キット（robot kit）」などと検索すれば、すでにお膳立てされた準備済みのキットがたくさん見つかるのだが、それでも、エレクターやティンカートイ、フィッシャーテクニックのような汎用の組み立てキットから機械をどうやって作るのかを学ぶことにも、また意義がある。問題は、このようなセットを入手するのが困難になりつつあるということだ。レゴは入手しやすいのだが、汎用性が低い。数年のうちに3Dプリンタのような新たな製造技術が学校でも安価に使えるようになるだろう。伝統的な大工仕事を習うことは、的外れではないのである。

動作とバランス：手のひらの上に立てた棒が倒れないようにバランスさせるような、可動する手を作るプロジェクトが考えられる。まず

は(直線的な)1次元のものから始め、2次元に拡張していく。さらに、このプロセスの適用範囲を発見することや、お手玉をするような機械に拡張していくことが考えられる。私は、紐を結ぶ機械や、シャツのボタンを留められる機械をまだ見たことがない。

最適化と問題解決：物体が多数集まったところから特定の物体を認識するには、どの物体が対象の記述に最もよく適合するのかを決定しなくてはならない。その問題に対処するための強力な方法として、物体を座標、パラメーターまたは変数を使って記述し、それに「最急上昇法」を適用することが挙げられる。この「山登り法」を使うことにより、より洗練されているはずの記号的解法が失敗する際にも(日常生活では頻繁に起こることである)、数値的に最適化を行えることが多い。

画像認識：活字や手書き文字や単語を認識するというプロジェクトである。現在[8]、なぜ単語全体を認識する方が、その単語を構成している文字を認識するよりも難しいのだろうか。猫の写真と犬の写真を見分けるプログラムを作れるだろうか。私はこの問題を解いたプロジェクトを見たことがない[17]。顔認識がある程度できるプログラムは存在するが、まだ一般的な部屋を撮った写真の中から物体を検出するプログラムは見たことがない。プログラマーが対処しなくてはならない問題の1つは、物体の見た目が視点によって変わることである。そのため、このようなプロジェクトでは、適切な抽象化の意義が示されることになる。

人間の発声や他の音声の処理：日常的な音声を分類するプログラムを作ることにより、自分自身の知覚プロセスについて学ぶことができる。あなたは、バイオリン・トランペット・クラリネットの音を区別できるプログラムが書けるだろうか。そこから日常的な音、例えば足音・声・カップや皿のカチカチとした音・咳・紙をくしゃくしゃにする音なども区別できるようになるだろうか。子供たちが、普通のエンジニアが使う技術よりも優れたものを発明することはあるだろうか。さらには、文法とその構文解析手法を実験することも考えられる。そして、このエッセイで述べている他のプロジェクトと組み合わせ、音声コマンドで他のものを制御することも考えられるだろう。

演奏システム：楽譜を読んで実際に演奏できるようなプログラムを作りたいと思う子供もいるだろう。あるいは、音声処理をして、物語を読み上げるプログラムの実験をしたい子供もいるかもしれない。この実験を通じて、発音・アクセント・強調、レトリックといったもの

※8　訳注：その後、多くの研究者の努力によって画像認識の性能は近年急激に向上した。

にまで広がる多様なアイデアにつなげていくことができる。

　パズルとゲームプログラム：算数の宿題をするプログラムを書いてみよう(そして、先生が宿題をしたと認めてくれるかどうか見てみよう)。また、タングラムやペントミノ、魔法陣やクロスワード・パズルを解くようなプログラムを書いてみよう。多くの子供がゲーム中毒になるのが問題とされている。しかし、この問題を逆手にとって、すでに存在しているゲームの操作をするための「フロントエンド」プログラムを作らせてみることもできるかもしれない。あるいは、新しいゲームをデザインさせたり作らせたりしてもよい。

　認知的プロジェクト：人間的な常識に基づく推論をするようなシステムを作るのは、どのくらい難しいだろうか。答えを言ってしまえば、それは非常に難しい。実際、この研究は現在における人工知能研究の最前線なのである。しかしながら、論理だけを使って子供たちがどこまでできるのかを確認し、そして類推のような別の推論手法を追加するのは興味深いことだろう。さらには、そのプロジェクトに学習機能を追加することで、それ自身を改善しうるという可能性もある。例えば、システムの部分ごとを強化学習に基づくニューラル・ネットワークで改善していくことができるかもしれない。

　有限状態機械に関する理論：最新のコンピューター・サイエンスでは、多種多様なプロセスに関する多くの有用なアイデアが発展してきている。その中の多くは、小さな子供でも扱い、「遊んで」みることができる。そのようなものとしては、簡易な論理的推論システム、算術演算を行う機械、あるいは人気のあるゲームをプレイしたりするものが挙げられる。意味のある形で始めるために、AND・OR・NOT回路ネットワークから始めることが考えられる。まさに、コンピューター

について学ぶ時にも、そのような論理回路や算術計算をする機械で始めた方が、伝統的なプログラミング言語よりもよいのかもしれない*18。なぜなら、コンピューターとは何か、どのように動いているのかに関する違った知見を得ることができるからである。いずれにせよ、私たちの目標が子供たちを技術的な概念に惹きつけることだとすれば、この「有限状態」を使うアプローチは、算術計算を単純に覚え込ませようとするよりも生産的だと言えよう*19。

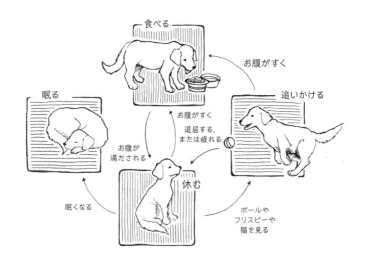

「批判的思考法」を学ぶ：エッセイの趣旨からは外れているように思えるかもしれないが、手品は「知覚心理学」の良い入門と言えるので、私は子供たち全員が手品のトリックを学ぶように奨励したいと思っている。手品はまた、人間の知覚がいかに状況の違い、期待、錯覚に支配されているかという知見を与えてくれるからである。近所に手品師がいないのであれば、オンラインの手品コースを作ってもよいだろう*20。

機械だと思ってみることがどのような役に立つのか

多くの人にとって、「自分のことを機械だと思ってみる」などということは、自分が役立たずになるという気の重い感覚に陥るようなものだと思われているらしい。その理由は、機械は現状からよくなることはあり得ず、そのことに関してはどうしようもない、と思われているからであろう。しかし私は、実際には正反対であると主張したい。自分を機械だと考えてみることは、自分を自由にするアイデアだ。なぜなら、**自分に気に入らないところがあれば、それをバグだと思って自分で修正することができる**からである。例として、以下に挙げる自己イメージの組を対比してみよう。

私は算数が苦手です。——私の記号処理プロセスにはバグがあるようです。

私は頭が悪いのです。——私のプログラムは改善の余地があります。

私はこの教科が嫌いです。——私の持っている複数の目標には、より適切な優先順位が必要なようです。

私は混乱しています。——私の複数のプロセス同士が競合しているようです。

もし、あなたが自分自身のことを私（単数形のI）だと思っている時には、自分自身を単一の「何か」であるかのように考えていて、その中には部分ごとに変更できるようなものはないとみなしていることになるだろう。しかし、もし「私の何か（My）」からなっていると考えてみれば、自分自身を部品から構成されたものだとみなして、特定の部位を変更しながら考え方を改良できると考えられる。言い換えれば、もし自分の心が修理可能な機械だと思うことができれば、その改良法について考えることができるわけである。例えば、以下にあるような日常的に使う部位にあるバグや欠陥を診断できるかもしれない。

時間管理—探索の組織化—問題の分割

問題のうまい表現法—適切な認知マップの作成

短期記憶の割り当て—適切な起因の特定方法

自己内省が上手にできる子供と、それほど上手ではない子供が存在することは間違いない。自己内省は技術として教えることができるものなのだろうか？ もしかしたらできるのかもしれないが、私たちは人間の心理機構を十分理解していないため、まだ現実的ではないようである。しかし、このエッセイが提案したようなプロジェクトは、この目標を達成するための助けになるだろうし、子供たちが自分自身をよ

り丁寧な視点から見ることができるようになる道具となるだろう。

ESSAY1　あとがき※1

マーヴィン・ミンスキーと究極のティンカートイ

——アラン・ケイ

　このあとがきを、まずは秘密の告白から始めさせてほしい。私はマーヴィンが大好きだ！ ここで私が現在形を使っているのに気がついただろうか。確かに、彼の肉体はすでに旅立ってしまったが、彼と知り合うという幸運に恵まれたり、講演やこの本のエッセイのような著作を読んだりした人の心の中では、マーヴィンは今も変わることなく生きているからである。さらに、彼の著作を読んだ人ならば、マーヴィンのことを個人的に知っているように思えてくるのではないだろうか。それは、「アイデアの主、マーヴィン」が読者の心の中でいきいきとしてくるからである。マイク・トラバースがこの本の素晴らしいイントロダクションで書いているように、マーヴィンが唱えた「考え方のお約束」として、優れた考えを生み出せる人々を頭の中に内部化し、彼らが考え続けられるようにすることで、自分の考えもまとまるようにする、というものがある。私もこの「マーヴィンと霊界交信」するというやつを、本稿でやってみようと思う。

※1　訳注：本稿は、原著では半分以上割愛された形で掲載されている。日本語版では、アラン・ケイが執筆した割愛前のフルバージョンの収録許諾を訳者が同氏より得て、全文を掲載した。なお、オンラインでも英語版と日本語版が公開されている。オンラインでは、本稿で紹介したいくつかのプロジェクトを起動して試すことができる。
https://tinlizzie.org/tinkertoy/ja.html

私は、マーヴィンが書いたこのエッセイが以前から特に好きだった。なぜなら、彼が信じていた大きな理想が子供向けに書かれているからである。その理想とは、コンピューティングというこの新しいメディアは、もし本当に理解されてうまく使われれば、子供がより強力な世界観を持ち、その世界に取り組むための心理的道具となり、成長していく上での大きな助けとなる、というものである。

　このエッセイでは、彼は子供たちに直接訴えかけている。なぜなら子供にこそ、コンピューターを実際に触り、コンピューターとはいったい何なのかを見抜く可能性があるからである。一方、大人たちの中にはコンピューターを仕事にしているような人もいるが、たいていはコンピューティングの弱い側面を受け入れているだけにすぎない。

　強力なアイデアを学ぶ上での難しさは、私たちがついつい「今いるところ」を出発点にしてしまい、新しいアイデアや新しいものを、すでに知っている

と思っている枠組みの中に当てはめようとしてしまうところにある。もしその新しいアイデアや新しいものが既知のものと大きく異なる場合、出会った時に素通りするか、あるいは、それが持つ重要な意味を歪めることで、すでに自分が持っている「個人的な宇宙（耳と耳の間にあるやつのこと）」に当てはめてしまう。マーヴィンは子供たちが「ぼくにはこのアイデアがこれこれのものであると思うけど、でももしかしたらそうじゃないかもしれないし、もしかしたら全然思いもよらないようなものから作り出せるのかもしれないと思う」というような考えをいつでも持ってほしいと思っていた（マーヴィンは、この考え方のお約束を自分でとても上手に使っていたわけだ！）。

マーヴィンは、ごく単純な部品から驚くほど多様なものを作り出せるというティンカートイを類推として使っている。ティンカートイの部品は、レンガや他の組み立てブロック、そして特に「コンピューターのやつ（computer stuff）」の部品のように、ごくごく単純である。マーヴィンは子供の頃からティンカートイでものを作る素晴らしい名人であり、他の子供たちも発見したように、良いものが作れたという感覚がとても深い満足感を与えることを知っていた。ここでの学びとは、何かカッコいいものを作ろうと集中する楽しさから、ひとりでに得られるものである。マリア・モンテッソーリ（Maria Montessori）がだいぶ前に指摘したように、「遊びとは子供の仕事」なのである。

ティンカートイで遊んでいれば、すぐに部品そのものを超越する構造が生まれてくる。部品を適当にいじっていると**何か**ができてくるわけだ。今回、私は高層ビルみたいなものを作ってみた（図1.2）。

これだけでも、ティンカートイで一番重要なのは部品の詳細な性質ではない、ということに気がつくだろう。レンガ積みで言えば、部品

であるレンガの性質のようなものだ。大事なのは、ものを作るための**アイデア**を探り、それに息を吹き込むことである。タワーやアーチ、車、さらには新しい考えそのものを作っていけるのである。他の組み立てキットにも、それぞれに基本的な部品とそれらのはめ込み方がある。一番強力なアイデアは、組み合わせ方の**デザイン**にあるのだ。

図1.2

ESSAY1 あとがき ──アラン・ケイ

この強力なアイデアに関しては、以下のように考えてみるのがよいだろう。「より複雑なものになればなるほど、設計の違いが素材の違いを凌駕していく」。言い換えれば、日常的に手に取ったり考えたりするものの裏にも、しばしば組織や組み合わせ方に関する素晴らしい何かが隠れていることがあるということだ。マーヴィンがエッセイ1で書いているように「意味があるのは

部品同士がどう影響し合っているのかであって、部品自身が何で作られているのかではない」。

私たちの心もこのような組織なのだろうか? もしそうであれば、簡単な部品をコンピューター上で組み合わせることによって心を作り出せるのだろうか?

ティンカートイの部品で可動部を作ることもできる。例えば、おもちゃの車で押したり引いたりして動かせるものも作れる。荷台付きトラクターでも作ったらどうだろう (図1.3)。

図1.3

ティンカートイが持つもう1つの強力なアイデアは、「ものいじり (tinkering)」にある。遊ぶ時にはトップダウンの計画どころか、まったく計画しないで始めてもよい。部品で遊びながら、ごちゃごちゃとやってみればよい。そのうちに、「タワー」「トラクター」のようなコンセプトの形が表れてくる。このことによって、具体的な部品のディテールと全体のコンセプトとの両方を見ながら作業を進めることができる。ティンカートイは、アイデア

を3次元でスケッチできるようにしてくれるのだ！

　この車に動力を付けて、ひとりでに動く「自動車」にしてみたいものだ。ティンカートイそのものには動力機構はないのだが、他のものを使って即興で作ることができる。例えば、高層ビルを車の上に載せて、コインでも入れたビニール袋で重りを作って紐で結び、その紐を後輪の軸に巻きつけて回転させてはどうだろうか（図1.4）。

図1.4

　さて、この自走式の車には賢さ（smart）がないので、壁に当たったりテーブルから落ちたりしてしまうことに気がつく。この車に何らかの賢さを加えることはできないだろうか。さて、賢さとは何だろうか。

　マーヴィンはシーモア・パパートと何年も共同で、知性とは何かについての考えを発展させる助けになるようなモデルを追い求めていた。

彼らは伝統的なプログラミングとコンピューティングにとらわれず、より良い部品、組織、そしてデザインを使って「考えるもの(thinking stuff)」を作ろうとしたのである。

　発想の出どころの1つとして、サイバネティクスの分野があった。サイバネティクスはマーヴィンが学生時代に探求した分野である。他には、グレイ・ウォルター (Grey Walter) による、ちょっとした知性を備えた自律的なロボットのカメがあった(図1.5)。このロボットのカメは、複雑な形状をした環境内で動き回れるだけでなく、パブロフの犬のように条件反射を学ぶこともできた。マーヴィンはグレイ・ウォルターのことを知っており、このカメのアイデアが、後に子供のためのLogoのタートル幾何学につながったのである。

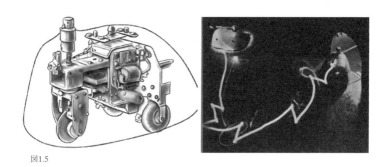

図1.5

　マーヴィンとシーモアは、たいていの興味深いシステムは**クロスコネクト(crossconnect)** されていて、部品同士は階層的関係ではなく**相互依存関係**にあって、部品は単純な「もの」ではなく、それぞれが**プロセス**のようなものであることに気がついた。マーヴィンは、このエッセイを書いたのと同時期に、心がどのような仕組みになっているのかを探求した本、『心の社会』を執筆していた。その本の冒頭で、マーヴィ

ンは以下のように書いている。

> 　「心を説明するには、心を持たないものから、どのようにして心が作られるのかを説明しなくてはならない。そうした部品は、私たちが『考えている』とはみなせないくらい小さく単純でなくてはならない。だが、そのような単純な要素、心を構成しているエージェントとは、いったい何だろうか」[*1]

　ここまで、単なる部品の集合ではなく、全体として**何かの機能を持つ**ティンカートイの作品をいくつか作ってきた。ティンカートイで**エージェント**を作り、そのエージェントを組み合わせて、より賢いエージェントを作ることは可能だろうか。

　私たちの自動運転車を賢くするためには、ある程度先の未来に何が起こりそうかを予測しつつ、もし大災害が起こりそうなら車を停止させられるような仕組みが必要である。まずはこの車に「探知センサー」を付けることが考えられるだろう（図1.6a）。このセンサーが前方にある障害物と接触したら、センサーに接続されているブレーキが作動するようにすることが考えられる。もし後方にもセンサーを付けるなら、その「接触センサー」は、車の後部が何かに当たった時にブレーキを解除して、前に動いていくようにすればよい（図1.6b）。

図1.6a

図1.6b

ティンカートイが持つ強力なアイデアの3つ目は、「ものいじり」が、本物のエンジニアリング・数学・科学への入り口になることがしばしばあるということだ。エンジニアリングとは、動けばよいというものではなく、よりうまく、より安定して、さらには美しく動くようにすることである。数学は、言わば「関係の関係」の科学であり、そこにある明晰な推論の鎖は「アイデアのエンジニアリング」のようにも感じられる。科学とは、私たちが感知できる外界の現象と、私たちが心の中で発明した表現法との折衝である。

ティンカートイで作れるものの極限を見たければ、ダニー・ヒリス
とブライアン・シルバーマンという、マーヴィンの学生で今では有名
なコンピューター科学者が作った「マルバツ」の手を計算するコン
ピューターを挙げることができる。このコンピューターでは、ティン
カートイの発明者が考えたことすらないようなアイデアが、たくさん
使われていた。

図1.7
ダニー・ヒリスとブライアン・シルバーマンによる「TinkerToy TicTacToe Computer」（1975年）
所蔵：Image courtesy of Mid America Science Museum

　ティンカートイが持つこの限界は、論理的なものではない。論理的
には完全なコンピューターをティンカートイで作ることもできるはず
だが、実世界には制限があって、そこまでのものは作れない。ティン
カートイには誤差や摩擦のような問題があり、大きくしていくうちに
がちがちになって、どこも動かなくなってしまう。このような現実世
界の問題を可能な限り最小化することを目的として、よりシンプルな
ティンカートイ・コンピューターも第2弾として作られた。

子供は何か良いことを思いつき、そしてティンカートイの部品が十分にあって、そのアイデアを実際に作れた時には本当に幸せな気持ちになる。ただ、たいていの場合、あるアイデアから始めて何かを作っていると、もっと良いアイデアが湧いてくるものなので、もっとたくさん部品が欲しくなることだろう。

　コンピューターの良いところは、特に今日では、どんなアイデアを作る時にも部品不足にはならないことであり、それらのアイデアに基づいて何かを作ろうとする時には、間違いなくさらに素晴らしいアイデアが浮かんでくるということである。本質的に摩擦となるものがまったくなく、今日では私たちの想像力以外に限界はない。

　ティンカートイで子供がやっているのは、大人がやっている実際の仕事を**知的な意味で正直な形に**簡略化したものである。ここでは、子供が工学と美術工芸における設計と製作に携わっていることになる。設計という段階が省略されているわけではない。他の人が作った出来合いのものを使っていないからである（最近の組み立ておもちゃは、そのようなものが多い）。過剰に作り込んだものを子供に渡すのは、楽しみつつ、もがきつつ学ぶことよりも、中身のない成功を優先していることになる。強力なアイデアとそこから生まれる力を本当に学ぶということは、学んでいる人の心の中で起こる大きな変化、すなわち苦戦しながらも最終的に何かをつかみ、学ぶのが困難なアイデアを流暢に使えるようになるという変化の結果なのである。「学習困難」は決定的に重要なのだ。シーモア・パパートはこれを「ハード・ファン（Hard Fun）」と呼んだ[2]。

　グレイ・ウォルターのロボットカメに触発されて、シーモアとマー

ヴィンがLogoの世界にもたらした素晴らしいアイデアとは、子供がプログラムを書いて動かせるような機械のタートルを作ることだった。このタートルの頭脳は子供が書くプログラムだったのだ。これにより、グレイ・ウォルターが数本の電線と真空管で絶妙に作り上げたものを、実体と深みがあるものとして子供の世界に持ち込むことができるわけだ。

図1.8

　物理的なタートルと子供用プログラミング言語という組み合わせは両者の良いところ取りであり、タートルに絵の描き方や他のことを教えるという多くの興味深いプロジェクトが作り出されることとなった。ここでは、子供たちは本物の数学を学ぶ機会を、お得な取引で得たわけである（パパートによる*3）。タートルが「賢くなる」ように子供が小さな脳みそを作ってやり、その脳でタートルが考えたり学習したりするというプロジェクトは、子供が生物学、心理学、自分自身、そして思考そのものについて重要な知見を得られるものであった（エッセイ6とそのまえがきで、マーヴィンとパトリック・ウィンストンがこれに

ついて議論している)。

例えば、図1.9は簡単なLogoのプログラムである。言わば、「心のない動作の組み合わせで作られたエージェント」と言ってもよいだろう。このエージェントは、グレイ・ウォルターの「放浪(wander)」という行動を司る。このタートルは、前方に「少しだけ」進み、そして左右45度の範囲でランダムに向きを変える、ということを終わりなく繰り返す。

```
to wander
 forever
   forward 10
   right (random 90) - 45
```

"to"は指定した名前の手続きを定義するためのコマンド
"forever"は、以下の部分を何度も繰り返し実行
タートルが前に10歩分進む
タートルが演算した結果の角度分右に向きを変える

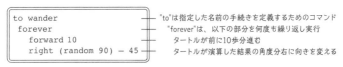

図1.9

ここで、Logoの子孫として、ドラッグ・アンド・ドロップ式のプログラミング言語GPを使うことにする。GPは**汎用(general purpose)**という意味であり、たいていのウェブ・ブラウザーから簡単にアクセスできる(https://gpblocks.org/)。GPはLogoが提供していたものに加えて、便利で現代的な機能も持っている。図1.10は、グレイ・ウォルターの「放浪」プログラムをGPで記述したものである*4。

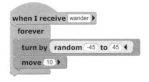

"wander"がブロードキャストされた時に、以下のプロセスを実行
"forever"は、以下の部分を何度も繰り返し実行
タートルが、左45度、右45度の間で向きをランダムに変える
タートルが前に10歩分進む

図1.10

このプログラムは、「賢い」というよりは「ちょっと何かをしている」くらいの表現が適切かもしれない。なぜなら、壁や障害物の中に入り込んでしまうからである。そこで、「回避（avoid）」という行動を追加して、それが「放浪」と並行して走るようにしてみよう。回避プログラムは、触覚センサーを使って、もし何かに接触したら後ろに飛びすさるという動作をするものだ。

タートルが何かに触れているか調べる
触れていたら、後ろに30歩分下がる
触れていなければそのまま繰り返しを続ける

図1.11

2つのスクリプトは並行して動いているので、このタートルは前に動いている時も後ろに動いている時もランダムに方向転換し続けており、タートルがいずれは障害物に当たらない方向を向くことに注目してほしい。

以下のプロジェクトでは、「See Inside」のボタンを押すことによって、ロボットの動作を決めているGPプログラムを実際に参照・変更することができる。「Toggle Fullscreen」ボタンにより、画面全体を使うこともできる（編注：https://tinlizzie.org/tinkertoy/ja.htmlで実際に動かすことができる）。

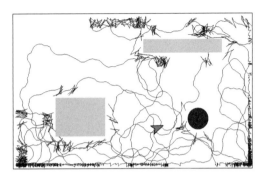

図1.12　https://tinlizzie.org/tinkertoy/ja.htmlで実際に動かすことができる

　この図にある軌跡は、ずっと後になって作られたルンバ（Roomba）掃除機の動きを彷彿とさせないだろうか。2つの簡単なエージェントだけでも、いろいろなことができるものだ。

　このプログラムはフィードバックという強力なアイデアを使っている。フィードバックはサイバネティクスの基盤にある概念の1つであり、マーヴィンとシーモアが深く考えた題材でもある。フィードバックを使えば、未来に関する完璧な知識がなくても、予想されなかった問題に行き当たった時に、一般性のある修正機構として動作するのである。

ロボットも動物のように考えられるのか

「ロボット」のプログラムとしては、これでも完璧に理にかなっていると言えるだろう。しかし、もし実際に生きている動物がどのように世界を見ているのかについて考えたくなったら、どうだろうか。子供が動物の行動を理解する時の「知的な意味で正直な形」での説明は、どの

ようなものだろうか。

　さて、実は単細胞生物にも「少しだけ」思考能力がある。多細胞生物になると神経系統があり、その接続性や機能はとても複雑なものにもなりうる。9歳から14歳の子供に、ティンカートイ的なやり方で、彼らが理解できる形で動物の思考について考えさせるには、どうしたらよいだろうか。

　マーヴィンがエッセイ1を書いた直後の1980年代中盤には、私たちはこのような問題を考えることにとても興奮したものだ。そして、小学生が都市や生物というような動的で複雑なシステムを自分たちで作ることを通じて、環境学やシステムという考えそのものについて学ぶことに興味を持ったのである。子供にとって「知的な意味で正直な形」で扱えるものとして、そこで生まれる新しい考え方とやり方に子供が熱中できるようにしようとしたのだ。

　動物の行動と思考についての考察は、ジェローム・ブルーナーによる素晴らしい「Man, A Course Of Study（MACOS）」というカリキュラムの導入部にも使われていた。このカリキュラムは、小学校5年生に知的で正直な形で文化人類学を教えるためのものである（人間を人間たらしめているものは何だろうか。より人間らしくなることはできるだろうか）。MACOSは、私の研究グループが実地研究をしていたロサンゼルスの小学校でも、すでに教えられていた*5。この学校での共同研究はビバリウム・プロジェクト（Vivarium Project）※2と呼ばれていて、

※2　訳注：詳しくは、Stewart Brand, The Media Lab: Inventing the Future at M.I.T., Viking Penguin Inc., 1987（邦訳『メディアラボー「メディアの未来」を創造する超・頭脳集団の挑戦』スチュアート・ブランド著、室 謙二・麻生九美訳／福武書店刊／ 1988）に、6 VIVARIUM（pp.95-118）として紹介されている。

マーヴィンもアドバイザーとして参加していた。

　神経系統は、ニューロンと呼ばれる特殊な細胞からなっている。ニューロンには、感覚器からの入力を受け取り、信号を発生させるものや、感覚器と行動との間を取り持つものなどがある。動物は何らかの障害物に触れたり、不愉快な匂いのする物質をかいだりすると、たいてい「回避（avoid）」行動を取る（人間もそうだ）。また、多くの動物は、緊急に取るべき行動がない時には、しばしば「探索（explore）」行動を取る（人間もそうだ）。

　見た目も美しいウミウシは生態に関する研究も進んでおり、数万個のニューロンからなる神経系統を持ち、「放浪（wander）」や「回避（avoid）」を含めて多様な行動を取ることが知られている。「回避」を司る神経系統を模式的に描けば、図1.13のようになるだろう。

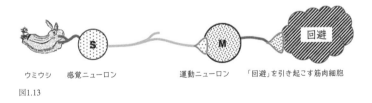

ウミウシ　　感覚ニューロン　　　　　運動ニューロン　　「回避」を引き起こす筋肉細胞

図1.13

図のように、ウミウシの感覚細胞と接続している感覚ニューロンS、そしてSからの刺激を受けて動作する運動ニューロンMがあり、Mは「回避」のような実際の動作を引き起こす。

　実際には、すでに起こっている放浪のような反応を抑制する神経接続もあり、苦痛に対する反応を可能な限り高速に処理していると思われる。ただ、今回はそのような抑制的接続は除外して考えてみる。

　私たち人間にも、ウミウシのものと同じくらい単純な、感覚神経から運動神経への経路が多数ある。例えば、腕の皮膚で感じた痛覚が、同じ腕の筋肉の反射運動を起こしたりするわけだ。この反射運動は脊髄で処理され、痛みの信号が脳に届くのはずっと後のことになる（図1.14）。

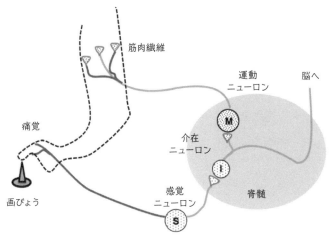

筋肉繊維

運動
ニューロン

脳へ

痛覚

介在
ニューロン

画びょう

感覚
ニューロン

脊髄

M

I

S

図1.14

　これを踏まえて、タートルを動かしていたスクリプトを書き直し、

もう少し生物学的に理にかなったものにしてみよう。そのために、模式図を2つの部分に分けて考えてみるとよい（図1.15）。

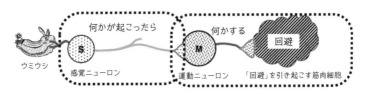

図1.15

第1の部分は「感覚のプロセス」であり、感覚器が何かを感知したら、信号を「発火」させる。第2の部分は「運動のプロセス」で、接続されている神経繊維から信号を受け取ったら、筋原繊維を収縮させて「回避」動作を引き起こす。ここで、この模式中の部品を表す画像をGPにドラッグ＆ドロップして、それぞれにスクリプトを追加することができる。言わば、それらをGPの中で簡単に扱えるようなティンカートイの部品にしたわけだ（図1.16）。

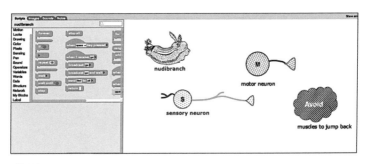

図1.16

ここで部品を動かして、それぞれが接するようにしてみよう（図1.17）。

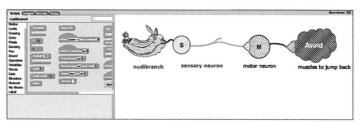

図1.17

　そして、それぞれの部品にスクリプトを追加して、ウミウシが何か
にぶつかったことを感知したという信号が、感覚神経を通じて運動神
経に伝わり、それが飛びのく動作を引き起こす筋肉に伝わるようにで
きる。

　このウミウシにも、タートルでやったのと同様に、環境の中を動き
回ってもらいたいものだ。ただ、つながっている神経が切れてしまっ
ては困るが。このような動作もスクリプトで書くのは簡単である。ま
た、ラバーバンドの線を引いて、ウミウシの絵が神経系の図と関連が
あることを示すようにしよう。さらには、障害物も作って、ウミウシ
がぶつかったかどうかを調べることにする。

　書かれたスクリプトは、図1.18にあるようなものとなった。ウミウ
シの絵も、上から見下ろしたものに変えた方がよさそうだ。

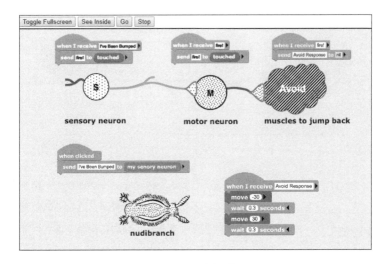

図1.18　https://tinlizzie.org/tinkertoy/ja.htmlで実際に動かすことができる

　一番左下にあるスクリプトは、「ウミウシの体が何かに当たったら感
覚神経に信号（"I've Been Bumped"）を送る」と書かれている。感覚神
経は"touched"という名前の変数に格納されている運動神経に"fire!"信
号を送る。同様に、運動神経は筋肉に"fire!"を送り、飛びのくという
動作（Avoid Response）を元のウミウシに送る。これで、感覚から動作
までのウミウシの動作シミュレーションが完結するわけだ。プログラ
ムを試してみると、ちゃんと動くようだ。できたところでスクリプト
を画面から隠し、もっと多くの障害物を置き、作った生き物を解き
放ってみよう！（図1.19）

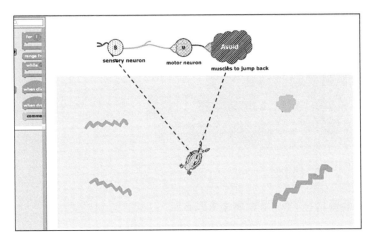

図1.19

　最後に、障害物に当たったのと同様に、マウスクリック（軽くつつつくようなものかな？）にも反応させよう（図1.20）。

図1.20

　この例をデバッグしているうちに楽しいアイデアを思いついた。それぞれのスクリプトが実行された時に、それぞれ別の音色の音を鳴らすようにすることである。これは（それぞれの音が1秒ずつ鳴るようになるので）プログラムをゆっくり実行させることにもなり、また順番に実行されたスクリプトの列がメロディーを奏でるようにもなる（マーヴィンが見たら、とても喜んだだろうね）。例えば、運動神経のスクリ

プトは、このようになる（図1.21）。

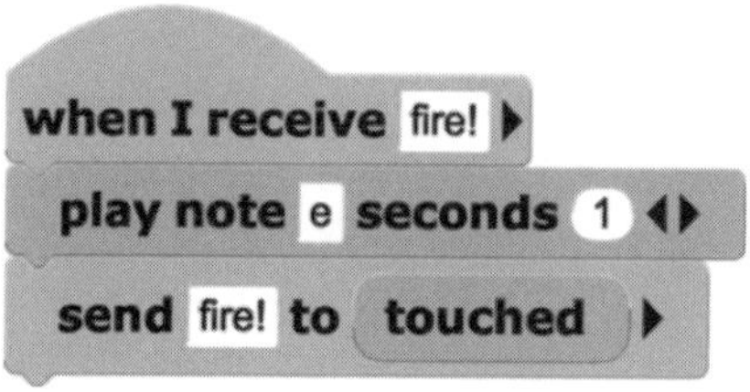

図1.21

動物はどうやって学習するのか？

　ここまでは思い通りに動いているようだが、グレイ・ウォルターの
カメや私たちのウミウシのシミュレーションは、もし床（海底）に穴が
あったら落ちてしまうだろう。グレイ・ウォルターなら、カメのとこ
ろに行って、足で軽く蹴り「回避」の動作が起きるようにしたことだろ
う。しかしながら彼は、ホイッスルの音のような信号と「回避」行動と
を関連付けられるような「もっと賢いカメ」を作ったら楽しいだろうと
いうことに思い至った。つまり、ホイッスルの音が障害物への接触を
意味することを学習させる、ということである。

　彼は、ホイッスルを吹き、間隔を空けずにタートルを蹴ることを何
度か繰り返した時に、ホイッスルが障害物への接触と同じであること
を徐々に学習する仕組みを考案した。この仕組みでは、蹴るのとホ
イッスルとがわずかな時間差で発生し、そのような組がある程度の時
間の間に何度か起こったなら、しばらくの間ホイッスルの音がすると
「回避」行動が取られるようになる。さて、私たちのウミウシにも、同
じような動作をさせてみようではないか。

218

動物が条件付けされやすい理由の1つは、生物は成長中にしばしば過大に発達するという段階を踏むからである。この場合では、神経系統の成長時にはいったん必要以上の神経接続を作るという段階を経る。つまり、遺伝子そのものには学習機能はないので、進化過程における初期の「発明」として、いったん細胞を過剰増殖させ、できた構造をテストし、その後で役立っているとみなされた細胞だけを残すという手段がとても有効だということだ（多くのアイデアを出した後でデバッグするという強力なアイデアの方が、最初から1つだけ素晴らしいアイデアを出そうとするよりも効果的という話に似ているとも言える）。もし成長に伴う経験に基づいて後から接続を強化したり弱めたりできるのであれば、遺伝子そのものを書き換えることによって学習することが難しい場合でも、個体の発達を通して適応していくことができるだろう。

　巻貝やナメクジでは（私たちの美しきウミウシの仲間だ）、多くの匂いを感じる感覚細胞や貧弱な明暗を感じる細胞から、弱いながらも信号が送られてくる。そこには多くの介在ニューロン「I」が、異なる感覚細胞から信号を受けており、介在ニューロン同士の間にも存在している。そこからは多くのシナプス接合部へと信号が伝達されており、そうしたシナプスの中には、図1.22のように目からの信号を受け取っているものもある。

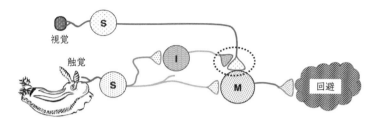

図1.22

　もし光が当たっただけであれば、ウミウシは特に反応を見せない。しかし、もし光を当てるのと同時に触覚器を触ることを繰り返していると、ある時点で、光さえ当てれば「回避」の反応が見られるようになる。言わば、「光刺激」が「接触」を意味することを学習したわけである。このような学習結果は数時間から数日維持される。この種類の学習は、パブロフの犬がベルの音と餌とを関連付けて、ベルが鳴ると唾液をたくさん出すという話として、読者の皆さんもご存知だろう。また、マーヴィンが博士号の研究として行ったのも、このような学習のモデルを作ることだった。

　私たちが作っているGPウミウシでは、光刺激よりも音声の方が扱いやすい。そこで、このウミウシが、ちょうどグレイ・ウォルターのカメと同じように、音が鳴ったら「衝突」だということを学習できるかどうか試してみよう。

　条件が比較され、学習と記憶が行われるのは、感覚神経と運動神経をつないでいる「ふくらみ（シナプス前細胞）」においてである。これが何かに「気づく」ところであり、側面からの信号がある時にシナプス結合の強度を高めるように変化するところである[*6]。

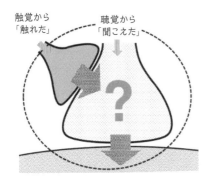

図1.23

　ここでちょっとスケッチをして、シナプス前細胞の中がどのような
仕組みになっているのかについて考えをまとめてみよう。ここでは、
グレイ・ウォルターが取ったアプローチを借りてみることにする。

　もし、触覚刺激と音声刺激が一瞬で消えていってしまうものならば、
それらが一緒に起こったということを認識するのは難しいだろう。た
だ、もしどちらかの出来事を短時間でも覚えていられるのであれば、2
つの刺激が同時に起こったかどうかを調べるのは、はるかに簡単にな
る（今回は、音声刺激があったことを覚えるようにしよう）。

　私は、時間経過とともに変化する動きを図にして考えるのが好きで
ある。音があったことを覚えるために、音に応じてメモリに強いスパ
イクが記録され、それが素早く減衰するようなものを考えてみよう。
ただし、ある程度の間は情報が残るようにする（図1.24）。

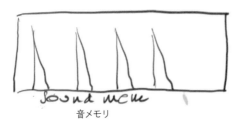

音メモリ

図1.24

　ここで、メインとなるプロセスを表現するスクリプトを殴り書き（scrawl）してしまおう（図1.25）。これは音が聞こえた時に、音メモリ（sound memory）変数を（適当に選んだ上限である）100にするというスクリプトだ[*7]。メモリにスクリプトを書くことによって、メモリの内容が時間経過につれて自動的に減衰するようにし、上に描いた絵のような振る舞いを見せるようにする。

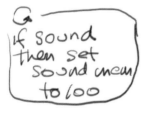

もし音が鳴ったら、
音メモリを100にする

図1.25

　もし、2種類の刺激が関連しているということを、たまたま一度同時に起こっただけで決めつけてしまったら、私たちはとても迷信深いということになってしまう。その代わりに、2つの刺激が短い時間に何度も連続して同時発生した、ということを記憶するようにしたい。これを実現するためには、同時発生メモリ（coincidence memory）という、もっとゆっくり減衰するメモリを作り、刺激が同時発生した時にメモ

リの値を少しだけ増加させるようにしたらよいだろう。少しだけ増加させることにより、短時間に連続してイベントが発生した時は階段状のグラフとなる。同時発生メモリを記述するscrawlscriptも、とても簡単だ。もし触覚器からの入力（kick）があった時には音メモリの内容を調べ、もし値が10よりも大きければ、音と触覚が同時に起こったということで、同時発生メモリを10増やす（図1.26）。

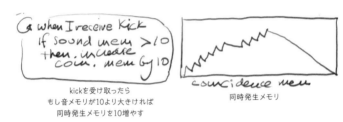

kickを受け取ったら
もし音メモリが10より大きければ
同時発生メモリを10増やす

同時発生メモリ

図1.26

刺激の同時発生イベントが立て続けに起こる場合には、メモリにしまわれている値が上昇していく。もしその値が適当に選んだしきい値"80"を超えた場合には、この「同時発生は偶然ではない」と判断し、その情報をより長期的な学習メモリ（learning memory）に格納する（図1.27）。

もし同時発生メモリが80より大きければ
学習メモリの値を100にする

学習メモリ

図1.27

このscrawlscriptは多分一番簡単だろう（もし同時発生メモリが80より大きければ、学習メモリの値を100にする）。

これらの図を見ると、どのメモリもみなよく似ていることがわかるだろう。違うのは減衰の速さだけだ。

　ここで面白いのは（言わばぶら下がったニンジンのようなもので、こうしたメモリを実際に作りたくなる）、「条件反射」そのものも、単純なスクリプトで実現できるということだ。つまり、学習メモリに何らかの値（10）がある時に聴覚刺激だけが発生して、音メモリの値が80を超えたら、"fire!"信号を運動神経に送るだけである（図1.28）。

もし学習メモリが10より大きく
また音メモリが80より大きければ
"fire!"を送る

図1.28

　これら全部を「ふくらみ（シナプス前細胞）」の絵の中にまとめて、「アイデア全体の地図」としてみよう（図1.29）。

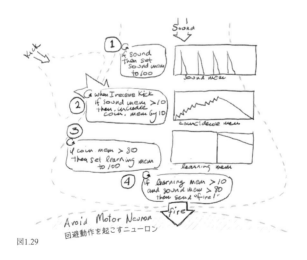

図1.29

ここで得られる大きな知見は2つある。1つは、このように動作する
メモリがあれば、実際に動かすのは非常に簡単だということ、もう1つ
は、これら3つのメモリは事実上同じで、ただ減衰率が違うだけという
ことである。

　このスケッチは、**意図したことの地図**、つまり**何をしようとしている
のかに関する大づかみな覚え書き**であると言える。ティンカートイを使っ
たりスケッチをしたりという大まかな作業の仕方で、作りたいと思ってい
ることが、手でつかめるようなビジョンとして扱えるようになる。トップ・ダ
ウン式[3]では定義できないかもしれないが、未知の領域を探求して、可能性
を探すことができる。

メモリの材料

　メモリを作るには、値に変更を加えたり、値を調べたり、値をゆっ
くりと減少させたりできる何かがあればよい。

　何だか水洗トイレのようだと思わないだろうか？　流しだと思っても
よい。溜まっている水の高さが、メモリにしまわれている値というこ
とになる。

　ここでは水位を測る浮きが必要である。水位が高くなったら何かを
起こしたり、あるいはあふれる前に入ってくる水を止めたりする時に
も使えるわけだ（図1.30）。

※3　訳注：全体を細部まできっちりと定義してから部品の作成を始めるという方式。

図1.30

　何かをモデル化しようとする時には、瑣末なディテールにとらわれないことが大事だ。そのためには、まずはそれぞれのアイデアの**エッセンス**※4を捉えることに集中し、その下位にあるディテールについては気にしないことである。

　例えば、ここで流しのエッセンスは、溜まっている液体の**水位**を表す**数値**1つと、栓を開けたかのように水位を下げていく**プロセス**とで表すことができる。そのプロセスは、ある割合で時間に応じてその数値を減少させ、0になったところで止まるというものである(図1.31)。

※4　訳注：ここでのエッセンス(essence)とは、本質のところのみを表現したプログラム・モデルを指す。

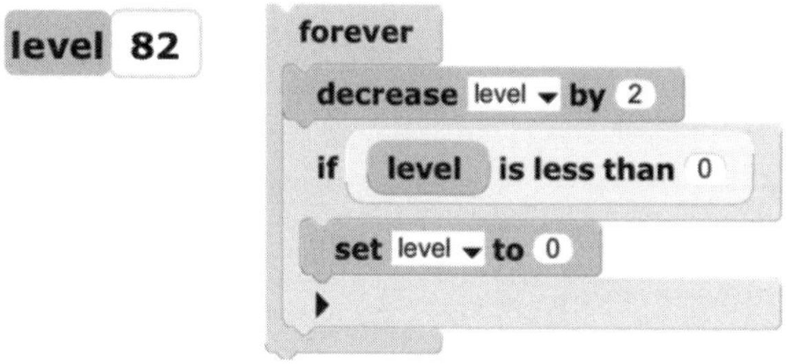

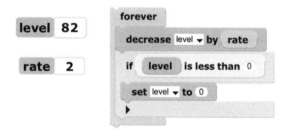

図1.31

GPを使ってこれを実験するためには、「level」という名前の変数を作り、栓を表すスクリプトを作って、値が0未満にならないようにする。一目でわかるように、**減衰率**を表すrateという変数を定数「2」の代わりに使えば、より柔軟性のあるプログラムを作ることができる（図1.32）。

図1.32

グラフを描くのも簡単である。

GPのオブジェクトはペンを持ったタートルでもあるので、**時間に従うグラフのエッセンス**を作るのも簡単だ。小さな「点オブジェクト」を作り、グラフを描く長方形を用意する。グラフを描くためのスクリプ

トは、それぞれの時間刻みで、点オブジェクトをx座標に定数を足す
ことにより右へ一定量だけ動かすとともに、y座標を**level**の値とすれ
ばよい（図1.33）。

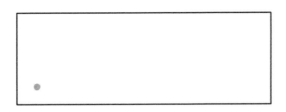

図1.33

　ついでに、流しの絵をアニメーションするのも楽しいだろう。この
アニメーションのエッセンスは、**level**に応じて高さの変わる長方形で
表現できる（図1.34）。

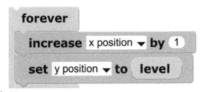

図1.34

　これで、「アイデア地図」で必要とされていたメモリを、ティンカー
トイ式に手っ取り早く作ることができた。このようにして作ったもの
をGPの「部品（part）」に「格上げ」し、その複数のオブジェクトからなる
部品のインスタンスを必要なだけ作れるようにする（図1.35）。

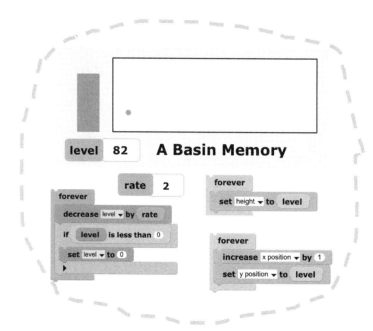

図1.35

　ついでに名札も付けて、メモリを画面上で表示する時に見たいものを「ひとまとめ」にする。

　これでしばらく遊んでいると、改良点として、水溜めの見た目を単なる長方形ではなくて、容器のような形にしたり、グラフを描くタートルが右端から左端に自動的に戻ったりする機能を付け加えたくなる。

　これらの改良により、この「メモリ部品」の見た目は、アイデア地図に描いておいたようなものになる（図1.36）。

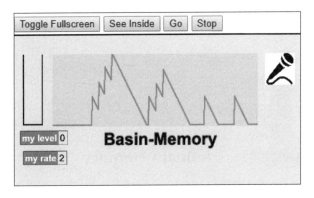

図1.36　https://tinlizzie.org/tinkertoy/ja.htmlで実際に動かすことができる

　このように、数の部分から作られたものを全体で1つの新しい部品として扱い、その部品の実例（インスタンス）を制限なく作れることは、コンピューターが持つ強力な機能である。例えば、この文章で使われている文字は文字部品のインスタンスであり、「a」の文字は、「a」のイデアとCalistroフォントの形の両方のインスタンスである[8]。

ウミウシにも学ばせよう

　さて、ここまでティンカートイ式に作ってきたメモリ部品のインスタンスを3つ作って、スクリプトを書いていくことにしよう。

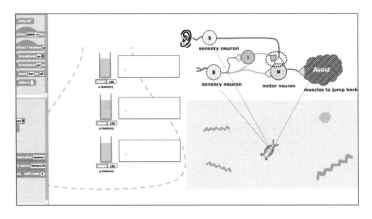

図1.37

スケッチした地図を見直して、 4つの簡単なエージェントで学習するプロセスをどのように作るつもりだったのかも思い出してみる。

すでにscrawlscriptで書いておいたので、ここではそれらをGPのスクリプトに翻訳するだけでよい。「地図」を条件反射の学習プログラムに変えてみよう。

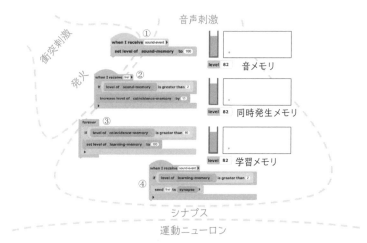

図1.38

①
```
when I receive sound-event ▶
  set level of sound-memory to 100
```

②
```
when I receive fire! ▶
  if level of sound-memory is greater than 2
    increase level of coincidence-memory by 10
  ▶
```

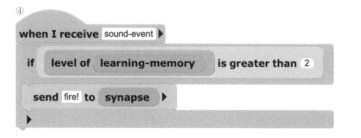

③

```
forever
    if    level of  coincidence-memory    is greater than  80
        set level of  learning-memory   to  100
    ▶
```

④

```
when I receive  sound-event ▶
    if    level of  learning-memory    is greater than  2
        send  fire!  to  synapse ▶
    ▶
```

図1.38のスクリプト部分を拡大したもの

　上の図にある最後のスクリプト(④)は、見た目は単純だが、実はとても奥深いものである。つまり、衝突があった時に音量が十分にあり(警告音のようなものか)、そして長期学習メモリにまだ値が残っているなら、音声刺激を衝突刺激の代わりだと思って、回避行動を取るようにする、ということだ。言い換えれば、音が衝突の記号となり、音が鳴るだけで実際の障害物がなくても逃げるようになるのだ。

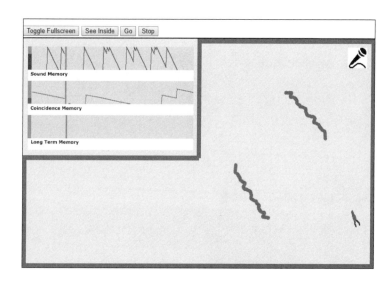

図1.39　https://tinlizzie.org/tinkertoy/ja.htmlで実際に動かすことができる

　このプログラムを作ることにより、数少ない簡単な機構を組み合わせることで、感覚・判断・学習・記憶という要素からなる条件反射を実現できることがわかる。マーヴィンは、「**心というものがどうやって、心を持たないものから作れるのか、考える力を持っているとは思われないような小さくてシンプルな部品から作れるのか**」を、示そうとしていた。私たちがここでやったのは、ごく簡単な例ながらも、子供が実際に試せるようなものを作るということである。これを作るためには電気で動くデジタル・コンピューターは必要ない。流しか風船、そしてティンカートイを使っても作れるだろう。あるいは、マーヴィンが1954年にプリンストンで博士課程の仕事の一部として作った機械でもできたはずである。この機械は冗談めかしてSNARC※5と名付けられ

※5　訳注：SNARCは、ルイス・キャロルの創作「スナーク狩り」に登場する謎の生物「スナーク」をもじった言葉である。

ており、40個のニューロンを使った最初の「ニューラル・ネット」マシンだった[9]。それぞれのニューロンは、私たちが作ったメモリと同じアイデアに基づいて作られていたのである。もちろんティンカートイや水洗トイレのタンクやコンピューターは使われていなかったが、当時の単純な電気的な仕組みと機械の部品で作られていた。

「ものいじり(tinkering)」と対比されるものとして、深い発明と発見という、天才と呼ばれる人にとってさえもとても難しいものがある。それゆえ、過去の偉大な知性が何を成し遂げてきたかを学ぶことは、アイデアやアートを進歩させるためのとても強力なアイデアである。表面上は知識と創造性とは相容れないようにも見えるが、ピカソが取った解決法は以下のようなものであった。「ルールをプロのように学べば、それを芸術家のように破ることができる」。グレイ・ウォルターが1940年代に、数本の真空管だけで条件反射を作ろうとした時に取ったアプローチが、ここでとても参考になる。つまり、技術に関する知識を「ドグマ」ではなく「材料や道具」として捉えれば、それは創造性に反するものではないということである。子供は学びのためには自ら発見する必要があるが、発見をするための助けもまた必要としている。子供が学ぶ環境には両方とも必要なのだ。

　人間の最も人間らしい思考は、条件反射よりはるかに複雑である。しかし、私たちの脳で行われている思考も、その多くは過去に形作られた単純な条件反射や繰り返し観測された条件の一致による連想に基づいている[10]。心的外傷後ストレス障害(PTSD)の悲劇も、大きな音が危機への対応と関連付けられたことからきている。この条件から抜け出すのが難しいのは、意識的な高次の思考が介在しないで起こっている現象だからである。条件付けを解除するのが、条件付けされるよ

りも難しい理由もまた、そこにある。

　高次の思考ができるように学習しているにもかかわらず、私たちが
「考えているつもり」の結果として取っている行動のいかに多くが、「気
まぐれで、まったく無関係な信号」を意味のある記号として置き換えて
しまった結果であるかということには、驚かされる。お話や劇はこの
ことを利用しており、さらには宗教や論文だけでなく、科学における
数学の利用もまた、このことに依存している。多くの人が見せる、「旗
に火をつける」ことに対する反応や、仕事の肩書や階級に対する態度に
も見て取れるだろう。つまり、単純な生物が（意味のあることとして）
見せる学習行動と、気味の悪いくらい似通っているのだ。

　そのような間違った信号の置き換えが危険な結果を招きかねない時
に、意図的にそれを避けるように学習することはできるのだろうか。

究極のティンカートイと究極のシンカートイ

　ここまでの説明で、デザインとプログラミングによって「何もなかっ
たところに、ものを生み出す」ことができるという子供の習性と力を示
す類推として、なぜマーヴィンがティンカートイをエッセイ1で持ち
出してきたのかがわかるだろう。**人はものが欲しいから作るのではな
く、学びたいから作るのである。**最初は自分の手と目で触れてみて、
そして一歩下がって深く考える。つまり「ものいじり（tinkering）」から
「考察（pondering）」へ移行する。ここでコンピューターを使うことによ
り、手でいじったものや考察したものに動的な振る舞いを付け加える
ことができ、質的により深く考える材料を得ることができる。ティン
カートイ（TinkerToys）ではない、コンピューターは「シンカートイ
（ThinkerToys）」なのだ。

コンピューターを使ってデザインしプログラミングをする時には、私たちはマーヴィンの系譜につながる良き伝統をたどっていることになる。それはSketchpadに始まる近代的な対話的グラフィックスとコンピューティングの発明である。この発明は1962年にアイバン・サザランド（Ivan Sutherland）によってなされたが、マーヴィンはクロード・シャノンとともにサザランドの指導教官を務めていたのだ。

図1.40

Sketchpadシステムを操作するアイバン・サザランド（1963年）
出典：http://www.dspace.cam.ac.uk/handle/1810/243359（CC BY-SA 2.0）

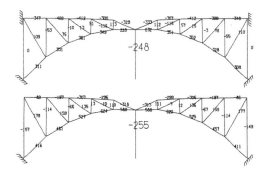

図1.41

サザランドのSketchpadを使用して作成された、橋の荷重と歪みのシミュレーション図（1963年）
出典：http://www.dspace.cam.ac.uk/handle/1810/243359（CC BY-SA 2.0）

　Sketchpadに、今日のパーソナル・コンピューターを見て取ること

ができる。Sketchpadは、55年前の時点でこのラフな橋のスケッチを、歪みと荷重を計算する動的なシミュレーションに簡単に変換し、それを元にグラフィックスの表示を変えることができた。今では、動物の神経細胞が連結している構造図を子供が描きながら、それを元に、動物の行動をシミュレーションすることができる。Sketchpadは、フットボール場ほどの大きさを持っていた当時のスーパー・コンピューター上で動いていた。今日の子供は、はるかに大きな計算資源をたかだか数百ドル程度で、Sketchpadのディスプレイと同じくらいの大きさの個人用ラップトップで使うことができる（フットボール場くらいの大きさだったものよりもずっと速いコンピューターが、ディスプレイの裏側に収まってしまっているわけだ）。

マーヴィンは、ラップトップ・コンピューターと子供のコンピューターの誕生にも、ある役割を果たした。私が1968年にユタ大学の大学院生だった時、近くで開かれていた教育とコンピューターに関する会議でマーヴィンがわくわくするような講演をしたのだ。その内容は、シーモアとマーヴィンの考えていた、子供に強力なアイデアを学ばせる方法についてのものだった*11。

その年の後半に私は、シーモアとシンシア・ソロモンがボストンの郊外でLogoを教えていた学校に行った。そこで彼らがやっていたことを見て、私は吹っ飛ぶほどの衝撃を受けたのだ。今でも、思い出すだけで同じ衝撃を感じるくらいである。

　私はユタに帰る飛行機の中で、**すべての年齢の子供たちのための
パーソナル・コンピューター：創造的思考のための動的なメディア**の
絵を描いた[※6]。これは、SketchpadやLogo、そして当時の研究コミュ
ニティーにあった他のアイデアに触発されて生まれたのである。現在
のパーソナル・コンピューター、ラップトップ、タブレットは、ここ
から生まれてきたのだ。

1968

2018

図1.42

※6　訳注：このスケッチはDynabookの構想を表現したものである。

2018年に生きる子供たちは、条件反射の仕組みを、その実行可能なモデルをプログラムすることによって、模式図を実際に動かして学ぶ。そのような子供たちが使っているアイデアや技術は、アイバン、マーヴィン、シーモア、シンシア、当時の他のパイオニアたちの仕事からつながる直接の子孫なのである。この文章で取り上げた例題は、コンピューターが持つ、特に子供たちにとって最も重要なことを示している。すなわち、コンピューターは、子供たちが既存のメディアを模倣する段階を超えて、アイデアを表現し、複雑なシステムを理解して学び、科学的な理論をモデル化し、そしてコンピューターなしでは存在できない芸術や作品を作り出すための新しい動的な方法になりうるということだ。

　言うなれば、コンピューターとは、アイデアを演奏できるような楽器だ。コンピューターの重要性は、人類が理解すべき強力なアイデアの多くが、コンピューターを通じてこそよく表現でき、よく学べるというところにある。私たちは、人類が築き上げてきた強力なアイデアを子供たちに伝え、そして、コンピューターを洞察にあふれた形で利用することで、学べることや学び方、そして学びの深さに質的な違いをもたらすよう、手助けしなくてはならない。

　さて、読者の皆さんは子供たちがコンピューターを使って何をするべきだと思われるだろうか？

謝辞

　GPでコンピューター上での例題を作成することに関して広範な助力を惜しまず、またこの文章にも丁寧な批評をしてくれたジョン・マロニー(John Maloney)に感謝する。大島芳樹も貴重な意見を寄せてくれた。動物の心の子供向けモデルに関するパイオニアであるマイク・トラバースにも感謝する。文章の推敲（すいこう）と批評を注意深く行ってくれたK-5の教師ジェン・ラバル(Jen Lavalle)にも感謝する。何よりも、私たちとともに仕事してくれた、多くの献身的な先生方全員に感謝したい。私たちは皆さんから、たくさんのことを学ぶことができた。

　最後に、私の大好きなマーヴィンのエッセイのあとがきを書くように誘ってくれたシンシア・ソロモンとシャオ・シャオに感謝する。長年の(何十年来の)友人や同僚とともに、最も愉快で最も影響力のあったメンターを称え、世に紹介する仕事ができたことをうれしく思う。本書を作るのはとても楽しかった。

おわりに：絵の描き方を学ぶ

——マーガレット・ミンスキー

　私の父、マーヴィン・ミンスキーは、本書に収められた6本のエッセイで3つの大きな論点を取り上げている。最初のものはロール・モデルとメンターが果たす決定的な役割であり、父はそのような人を意味する**インプリマ**という用語を発明して、その重要性を説明している。他の人の考え方を吸収することは、自分自身が優れた思考家になるための基礎となるからである。2つ目は、考えることについて考えることと、認知マップを明示的に作ることが、子供の教育に導入されるべきだということである。3つ目は、彼が経験したように、高校時代、あるいは小学校時代のような早い時点から、子供は何らかの専門家になる機会を与えられるべきだということである。まずは、父が幼少時にどのような専門家になったのか、ちょっと見てみよう。彼はその専門性を生涯伸ばし続けたのだから。

　1993年に、父は以下のように述べている。

　　私が慣れ親しんだことの1つに、新しいパターンの系統を見いだすというものがあった。ラジオかテレビ受信機の回路をパッと見た時は、ぐちゃぐちゃの記号と線があるだけに見える。わかってみれば、大きな構造があって機能ごとにまとめて配置されていることが、最初から当然であったかのごとく見て取れるようになる。これは絵画でも、音楽でも、数学でも、さては政治や社会的

な問題についても同じである。パターン認識能力が高まるにつれ、見えているものが現実以上にリアルになり、最終的にはそこにないものまで、完全にくっきりと見えてくるようになる[*1]。

　父は「絵画でも、音楽でも、数学でも」と書いているが、これらの領域こそが、父が子供時代、高校時代そして大学時代を通じて、一人前になるまで常に取り組んだものであった。父は30代、40代になってもとどまることはなく、これらの領域でさらに高度な作品に挑戦して技量を向上させていった。特に音楽と絵画に関しては、生涯努力を続けたのである。

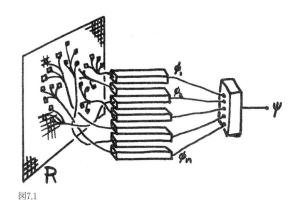

図7.1

マーヴィン・ミンスキーの手描きによるパーセプトロンの図（MIT AI メモ140用に書かれたドラフト）

　父は絵画・音楽・数学にまつわる、子供時代や学生時代の逸話をたくさん聞かせてくれた。父は小さい頃から音楽の天才として見いだされ、中学、高校では学校一の数学者となった。しかし驚くべきことに、若い時から成功していたわりには、本人が数学者としての能力にようやく自信を持てたのは、『パーセプトロン』[※1]の理論的な仕事について、シーモア・パパートと共同で1969年に本を出版した時とのことであっ

おわりに：絵の描き方を学ぶ

243

た。私はその本が生まれる過程を目撃する機会に恵まれたわけである。父は本のイラストすべてを自分で描いたのだが、その過程、つまり父が再び絵の専門家になっていく様子を目撃したわけだ。この時、父はイラストレーターになりきって昼夜かまわず働き続け、高校・大学時代に使っていたものとは違う新しい道具を、まるで新しい楽器を習得するかのように使いつつ学んでいった。ここで注目してほしいのは、父はその時々の道具を新しい用途で使いこなすことで、別のスタイルの絵の専門家になる過程を何度も歩んだということである。数学に関しても、早くから、この過程を繰り返したどった。

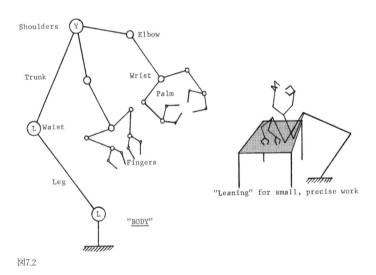

図7.2

※1　訳注：原題は『Perceptrons: An Introduction to Computational Geometry』。邦訳は『パーセプトロン（改訂版）』（マーヴィン・ミンスキー、シーモア・パパート著、中野馨、阪口豊訳／パーソナルメディア刊／1993年）。

父は、ヘンリク・ヴァン・ルーン(Henrik Van Loon)による、挿絵と文の両方を1人で書いた本の虜(とりこ)になったと言っていた。私は、ヴァン・ルーンのスタイルが父の子供時代の目標であり、彼が父のインプリマであったということに賭けてもよいと思っている。父は高校生の時に機械製図のクラスが大好きだったと言っていた。図7.2は、父が1965年に発明し、自分で図も描いた二分木ロボットである。彼は仕事人生の初期から、電気回路、ロボット、そしてさまざまなアイデアに関する数多くの設計図や技術的な図を描いていた。彼は映画『2001年宇宙の旅』のアドバイザーとして、このロボットをスタンリー・キューブリックに見せたそうである。映画を見ると、スペース・ポッドのマニピュレーターに影響を与えていることがわかるだろう。

　『パーセプトロン』のイラストを描くために、父は居間にアトリエを構えた。デスク1つが大きな擬革紙のシートを置くためだけに使われており、そばのテーブルには新品の複雑なラピッドグラフ・ペンが、注射器のようなペン先を見せつけるように置かれ、他にもインクの瓶・洗浄液・筆洗い・修正液、その他もろもろの道具が置かれていた。図7.3aとbは、父が使っていたのと同様のラピッドグラフ・ペンの絵である。それらのペンは試験管立てのようなスタンドに、ペンのサイズ順に立てられていた。ペン先のサイズは0、00、そして000と呼ばれていたものがあり、0.25mm幅という小さなものから揃えられていた。どちらかと言えば、インクを詰めたり、掃除したり、線の幅を一定させるために乾かないように気をつけたりする時間の方が、実際に絵を描く時間よりも長かったように思う。テンプレート定規、直尺、雲形、レトラセット社のインスタント・レタリングなども置かれていた。ただ、最後の方になると図だけでなく数字や文字もすべて手書きで描かれるようになったが。結局彼は、246ページからなるパーセプトロンの初版本のために172枚のイラストを描いたのである(図7.4a〜

d）。あなたが読んでいるこの本のように、ほとんどすべてのページにイラストが載っており、2枚載っているページも多くあった。

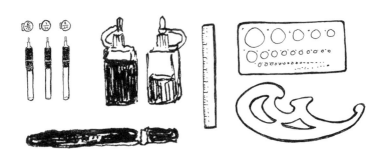

図7.3a   図7.3b

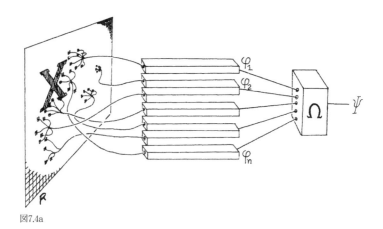

図7.4a

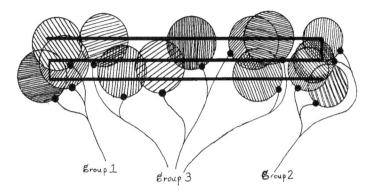

Group 1　　　Group 3　　　Group 2

図7.4b

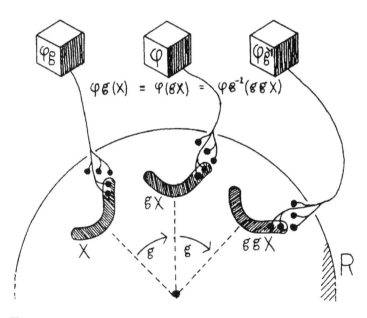

$$\varphi\mathcal{G}(X) = \varphi(\mathcal{G}X) = \varphi\mathcal{G}^{-1}(\mathcal{G}\mathcal{G}X)$$

図7.4c

Then C_0 can be removed from H_1 by a series of deformations in which, first, H_1 is drawn to the periphery

and then C_0 is temporarily attached:

Notice that this does not change the value of $G(X)$. Also, since it reduces both C and H by unity, it does not change $E(X) = C(X) - H(X)$.

We can then swing C_1 around to the outside and reconnect to obtain

図7.4d

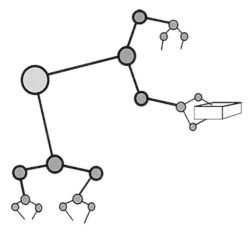

図7.5

　2006年にマーヴィンは、クーリッジ・コーナー劇場の「映画に出た科学（Science on Screen）」シリーズで、『2001年宇宙の旅』の上映前に講演をした。その頃には、父はコンピューター上で製図をしており、その講演の中で、父が1965年にキューブリックに見せた図をコンピューターで書き直したものを見せたのである（図7.5）。

　父が垣間見せたちょっとした側面から、いくつかの疑問が浮かんでくる。父が絵を描くということに感じていた絆^{きずな}は、学びと教育というより一般的な話とどのようにつながっていたのだろうか。図を描いたり視覚的に考えたりすることが、計算と知性にどのような役割を果たしていたのだろうか。父が新しいスキルを自分自身に教えるために使っていた方法や方針から、何を導き出すことができるだろうか。そもそも父が絵を描くことに惹きつけられたのは、どうしてだろうか。これらの疑問に対する直接の答えが得られるかどうかはわからないが、エッセイを読んだ読者の皆さんも、ぜひ振り返って考えてみてほしい。

寄稿者について

　ハル・エーベルソンは、MITのエレクトリカル・エンジニアリング・アンド・コンピューター・サイエンス（EECS）の教授である。彼はIEEEフェローであり、クリエイティブ・コモンズとフリー・ソフトウェア・ファウンデーションの設立時からのディレクターである。他の業績として、最初のApple II向けLogoの実装の指揮、MITのオープンコースウェアの調整役、MITの教育技術会議の共同座長、そしてセンター・フォー、デモクラシー・アンド・テクノロジー（CDT）の所長などを務めたことが挙げられる。彼はMIT App Inventorチームのリーダーとして活動している。

　ウォルター・ベンダーは、MITメディアラボの元所長（2000 〜 2006年）であり、メディアラボのエレクトロニック・パブリッシング・グループのリーダーであった。彼は2006年にOne Laptop per Child（OLPC）の設立に尽力し、2008年にシュガー・ラボという非営利団体を設立した。彼は現在シュガー・ラボの所長を務めている。

　アラン・ケイは、ユタ大学の博士課程に在籍中だった1968年に、「すべての年齢の『子供たち』のためのパーソナル・コンピューター」であるダイナブック（Dynabook）の模型を段ボール紙で作った。1970年にゼロックス・パロアルト研究所に参加し、グラフィカル・ユーザー・インターフェイス（GUI）やイーサネット、そしてSmalltalkとAltoコンピューターの開発を行った。その後、アタリ社のチーフ・サイエンティスト、アップル社シニア・フェローとしてビバリウム・プロジェ

クトの推進、ウォルト・ディズニー社研究開発部門の副社長、ヒューレット・パッカード社シニア・フェローを務めた。2001年には、ビューポインツ・リサーチ・インスティチュート（VPRI）を設立。VPRIではSqueakやEtoysの開発などを推進した。

　マーガレット・ミンスキーは、学び・即興・思考に関するマルチメディア作品を制作している。最近では、テクノロジーとの身体的交流を通じた、認知的・社会的・物理的な生活向上の方法を探求している。彼女は、コロラド大学ボールダー校にある学際的な研究所ATLASセンターでのレジデンシーを終えたところである。世界最初の触覚刺激生成装置を作り、MITメディアラボから博士号を授与された。また、アタリ・ケンブリッジ研究所とインターバル・リサーチ研究所で研究を指揮した経験を持つ。

　ブライアン・シルバーマンは、MITの学部生だった1970年代から常に子供向け学習環境の設計と開発に携わってきた。彼が携わった仕事には、LogoWriterやMicroWorldsを含む多数のLogo処理系のデザインと実装、Scratch、LEGOロボティクス、TurtleArt、そしてPicoCriketなどがある。彼はMITメディアラボの客員研究員であり、趣味の数学を楽しみ、コンピューター科学者であり、ものいじりの天才でもある。ティンカートイだけで「マルバツ（Tic-Tac-Toe）」の最適手を求めるコンピューターを作ったこともある。現在は、プレイフル・インベンション・カンパニー社の社長を務めている。

　シンシア・ソロモンは、最初の子供向けプログラミング言語であるLogoを、ウォリー・フォイヤーザイグ（Wally Feurzeig）とシーモア・パパートとともにボルト・ベラネク・アンド・ニューマン社で生み出した。彼女とパパートはLogoの研究をMIT AIラボで続け、マーヴィ

ン・ミンスキーと共同で、音楽やロボットの制御といった機能を付け加えた。ハーバード大学から1985年に教育博士号を授与されている。また、女性と情報技術全米センター（National Center for Women & InformationTechnology）からパイオニア賞、そしてストラクショニズム・ライフタイム・アチーブメント賞を2016年に受賞した。

ゲイリー・ステーガーは、実際の教育現場において「作ることで学ぶ」こと、プログラミング、ロボットの活用を世界的に推進している。「現代的知識構築夏休みワークショップ」の設立者でもある。著書に『作ることで学ぶ——Makerを育てる新しい教育のメソッド』[※1]がある。彼のエッセイや記事は、ニューヨーク・タイムズ、ハフィントン・ポスト、ウォール・ストリート・ジャーナル、ワイヤードをはじめとするさまざまな媒体に掲載されている。

マイク・トラバースは、サンフランシスコ・ベイエリア在住のソフトウェア・エンジニアであり、データ・アーキテクトである。彼はいくつものソフトウェア会社において、生命科学分野でのナレッジベース用ツールを構築する際に中心的役割を果たした。この技術は新薬発見・合成生物学・臨床情報処理・遺伝子医療への応用などに役立っている。

MITから数学、メディア芸術、科学の学位を授与された。MITでは、メディアラボで人工生命・学習環境・エージェント指向計算の研究に携わった。彼は知識の表現、視覚化と発見に焦点を当てている。経験を積んだインタラクション・デザイナーとして、SIGGRAPHアート・ショーとボストン・コンピューター博物館に出展した。これまでに、

※1　訳注：『作ることで学ぶ——Makerを育てる新しい教育のメソッド』（阿部和広監修、酒匂寛訳／オライリー・ジャパン刊／2015年）。原題は『Invent To Learn: Making,Tinkering, and Engineering in the Classroom』。

MIT AIラボ、IBM、SRIとパリのCentre Mondialでの研究実績を持つ。

パトリック・ヘンリー・ウィンストンは、フォードが寄付する人工知能講座の教授であり、マクビカー（MacVicar）教員フェローを授与されている[2]。彼のGenesis研究グループは、人類の知性を計算的にモデル化することによって、人類が他の種と異なる点を、特に物語の理解という観点から明らかにすることを目指している。

シャオ・シャオは、修士および博士課程を修了し、2016年にMITからコンピューター・サイエンスの学位を授与された。クラシックのピアニストとしての訓練を積んだ経験から、博士課程では音楽学習技術を研究した。特に、体が音楽的思考を育むために持つ役割に焦点を当てていた。

現在、シャオはマルチメディア・アートの設計と学習に関する研究をMITメディアラボとピエール・マリー・キュリー大学（UPMC）で行っている。新しい作品が、2019年にヒストリック・ニュー・オーリンズ・コレクションで展示された。

自身の学びについて内省するため、2017年からテルミンの練習を始めた。そこでは、ピアノ、コーディング、インタラクション・デザイン、絵画、ヨガ、ダンスといった経験を活かして新しい演奏技術を発明している。ニュー・オーリンズのミュージック・ボックス・ビレッジやニュー・ヨークのジョーズ・パブなどの場所でも演奏を披露した。

※2　訳注：MITの学部生教育で、模範的な教育を長期的に継続した教員を顕彰する制度。

原書注

はじめに

*1　マーヴィンは、コンピューター・サイエンスの重要性について以下のように述べている。

> 　コンピューター・サイエンスは、文字の発明以降で最も重要なものだと思う。今から 50 年前の 1950 年代に、人類の思索者たちが複雑な機械を記述する方法を考え始めた。プログラミング言語と呼ばれるものが発明され、複雑なプロセスやシステムを記述する方法がついに得られたのである。ここで言うシステムとは、何千という互いに連結し合う小さな部分からなる仕組のことである。1950 年以前には、人類はそのような複雑な仕組みに関するアイデアを交換する言語を持ち合わせていなかったのだ。
>
> 　なぜ、これを知っておくことが重要なのか？ それは私たち人間もまた、小さな機械が多数つながった複雑なネットワークだからである。コンピューター・サイエンスは重要だが、機械としてのコンピューターはその重要性とは直接関係がない。コンピューター・サイエンスとは新しい哲学であり、複雑なプロセスについて、また人工および自然の生命について、そして人工および自然の知性について考察するためのものでもある。私たちの脳を理解するため、また私たちがどのように学習し、知識とはいったい何なのかについて考えるための助けになるものだ。
>
> (1996 年 5 月 16 日、奈良で開かれた第 5 回人工生命会議 [Artificial Life V conference] における講演より。書き起こしはニコラス・ガスラー [Nicholas Gessler] による)

*2　Marvin Minsky, *The Society of Mind*（New York: Simon & Schuster, 1986）［邦訳『心の社会』マーヴィン・ミンスキー著、安西祐一郎訳／産業図書刊／ 1990］

Marvin Minsky, *The Emotion Machine: Commonsense Thinking, Artificial Intelligence, and the Future of the Human Mind*（New York: Simon & Schuster, 2006）［邦訳『ミンスキー博士の脳の探検─常識・感情・自己とは』マーヴィン・ミンスキー著、竹林洋一訳／共立出版刊／ 2009］

*3　Seymour Papert, "You Can't Think about Thinking without Thinking about Thinking about Something," *Contemporary Issues in Technology and Teacher Education* 5, no. 3/4（2005）: 366-367, https://eric.ed.gov/?id=EJ1080976

*4　Minsky, *The Society of Mind*.［邦訳『心の社会』］

*5　Cynthia Solomon, Margaret Minsky, and Brian Harvey, *LogoWorks: Challenging Programs in Logo*（New York: McGraw-Hill, 1986）.

*6　マイク・トラバースが、「Firing Up the Emotion Machine」という題で書いた 2016 年のブログ記事から、感銘を受けた箇所を引用する（http://omniorthogonal.blogspot.com/2016/01/firing-up-emotion-machine.html）。

> 彼は還元主義者だったのだとは思うが、そういうラベルを彼に貼ってしまうのは、彼のとても込み入った思考法を一言のスローガンに還元してしまうことになる。これは、まさに彼自身は絶対に行わなかったような種類の還元的思考だった。彼の思考の秘訣は、心の中には大きな 1 つだけの秘訣などはないということだった。つまり、論理やベイジアンのような単一の解法では不十分であり、ある種の心を作り出すためには複数の機構が複雑に協調し合う仕組みが必要だということである。『心の社会』の本そのものが、ある特定の仕組みに関するアイデアを形作る協調ネットワークとなっており、いわば形式に内容を模倣させていた。……[中略]

彼は多岐にわたる自己や意識という手に負えないような概念を、複雑に
交流し合う機構というものに「還元」したのである。

イントロダクション

*1 「One Laptop per Child（OLPC）のミッションは、発展途上国の学齢期の
子供全員がネットワークに接続されたラップトップ・コンピューターを持つこ
とにより、よりよく学べるよう力づけることである」
http://laptop.org/en/vision/mission/index.shtml

*2　Dylan Hadfield-Menell, Anca Dragan, Pieter Abbeel, and Stuart
Russell, "Cooperative Inverse Reinforcement Learning," in *Proceedings of
the 30th International Conference on Neural Information Processing Systems*
（Barcelona: ACM, 2016）, 3916-3924, https://papers.nips.cc/paper/6420-
cooperative-inverse-reinforcement-learning.pdf.

*3　Jean Lave and Etienne Wenger, *Situated Learning: Legitimate Peripheral
Participation*（Cambridge, UK: Cambridge University Press, 1991）.［邦訳『状
況に埋め込まれた学習—正統的周辺参加』ジーン・レイヴ、エティエンヌ・ウェンガー著、佐伯胖訳、
福島真人解説／産業図書刊／1993］
なお https://en.wikipedia.org/wiki/Community_of_practice も参照のこと。

*4　Quoted in Walter Bender, Charles Kane, Jody Cornish, and Neal
Donahue, *Learning to Change the World: The Social Impact of One Laptop Per
Child*（New York: Palgrave Macmillan, 2012）.［邦訳『ラーニング・レボリューショ
ン—MIT発 世界を変える「100ドルPC」プロジェクト』ウォルター・ベンダー、チャールズ・ケイ
ン、ジョディ・コーニッシュ、ニール・ドナヒュー著、松本裕訳／英知出版刊／2014］

*5　Seymour Papert, *Mindstorms: Children, Computers, and Powerful Ideas*
（New York: Basic Books, 1980）.［邦訳『マインドストーム—子供、コンピューター、そ

して強力なアイデア』シーモア・パパート著、奥村貴世子訳／未来社刊／ 1982 ／新装版 1995]

<u>エッセイ 1</u>

*1　Marvin Minsky, "Preface,"in *LogoWorks: Challenging Programs in Logo*
(New York: McGraw Hill, 1986), viii-xii. 　（※訳注：https://web.media.mit.edu/~minsky/
papers/Logoworks.html でも参照できる）

*2　A. Kee Dewdney, *The Tinkertoy Computer*（New York: Freeman, 1993）.

*3　このエッセイが書かれた後で、メカノとエレクターを統合したセットの販
売が開始された。その歴史に触れた興味深いページがある。
http://www.girdersandgears.com/

*4　この例は建築家エーロ・サーリネン（Eero Saarinen）のデザインによる
MITのクレスゲ・オーディトリアムである。球面の1/8を象ったデザインとなっ
ている。

*5　Logo Computer Systems, Inc.

<u>エッセイ 2 へのまえがき</u>

*1　フーガとは楽曲形式の一種で、主題を提示する2つ以上の声部が入れ替
わりながら現れるというものである。これは対位法の一種とも考えられ、複数
の独立したメロディーからなる形式であって、あくまでも単一のメロディー
と伴奏の組み合わせではないのが特徴である。フーガの例としては、バッハ
（J.S.Bach）による「平均律クラヴィーア曲集」や「フーガの技法」がある。また、
「The Art of Fugue by J. S. Bach」（Johann Sebastian Bach, Die Kunst der
Fuge: BWV 1080: Autograph, Originaldruck [Mainz; New York:

Schott, 1979]) も参照のこと。

*2 Seymour Papert, "Powerful Ideas in Mind-Size Bites," in *Mindstorms: Children, Computers, and Powerful Ideas* (New York: Basic Books, 1980), 135-155. [邦訳『マインドストーム—子供、コンピューター、そして強力なアイデア』]
Andrea A. diSessa, "Thematic Chapter: Epistemology and Systems Design," in *Computers and Exploratory Learning,* ed. Andrea A. diSessa, Celia Hoyles, Richard Noss, with Laurie D. Edwards (Berlin: Springer, 1993), 15-29.

エッセイ2

*1 数学は幅広くかつ深い。数学には代数や幾何のようなよく知られた分野もあるが、このエッセイでミンスキー博士は、一般的な読者にとっては親しみのないような概念に多く言及している。もちろん、博士はある主張をするためにあえてそうしているわけである。学校数学では数学を特定の形に切り取った断片を教えているが、実際のところそれはごく小さな断片なのだ。その切り取り方は昔ながらのやり方ではあるが、実際のところ恣意的である。博士は、数学の他の分野を学校教育に導入する方法を提案している。近年ようやく、コンピューティングに関する数学、すなわち新しい切り口が日の目を見るようになった。博士のこのエッセイでは、私たちがどこに着目すべきかという数多くの具体的な提案をしている。いくつかの提案はまだ遠い世界のことのように思われるかもしれないが。

*2 彼は、このエッセイが書かれた時点では、MITの大学院生としてコンピューター・サイエンスを専攻していた。

*3 ミンスキー博士の提案は研究する分野としても興味深い。

*4 Marvin Minsky, *The Emotion Machine: Commonsense Thinking, Artificial Intelligence, and the Future of the Human Mind* (New York: Simon &

Schuster, 2006)．［邦訳『ミンスキー博士の脳の探検—常識・感情・自己とは』］

*5 2008 年 3 月 24 日の追記

米国教育省は 90 ページ、45 項目に及ぶ、算数教育改善に向けてのレポート
を刊行した。このレポートは、私がこのエッセイで指摘したはずの「悪い教育
法の例」の轍を全部踏んでしまっている。このレポートが最も強調しているの
は以下の点である。

> 幼稚園から 8 年生（中学校 2 年に相当）の算数教育では、分数（小数・
> 百分率・負の分数を含む）の習熟を大きな目標とする。分数は代数を習
> 得するための基盤となるが、現時点では非常に獲得が遅れている。整数
> は分数を理解するための前提となるものであり、測定や幾何の要素とも
> なっている。

このレポートはコンピューターに関してはまったくと言ってよいほど触れてい
ない。1 カ所にのみ、プログラミングを学習することにより小さな効果を得ら
れる可能性があると書かれているが、それも「明示的な数学的目標に向かって
教師が注意深く生徒をガイドした時」にのみ、とされている（注意：レポート
の全文は心理的に吐き気をもよおす可能性あり）。

http://www.ed.gov/about/bdscomm/list/mathpanel/report/final-report.pdf

原書注

エッセイ 3 へのまえがき

*1 Seymour Bernard Sarason, *The Predictable Failure of Educational Reform:
Can We Change Course before It's Too Late?*（San Francisco: Jossey- Bass,
1991）; Seymour Bernard Sarason, Revisiting the Culture of School and the
Problem of Change（New York: Teachers College Press, 1996）; Seymour
Bernard Sarason, *A Self-Scrutinizing Memoir*（New York: Teachers College
Press, 2003）; and Seymour Bernard Sarason, *And What Do You Mean by
Learning?*（Portsmouth, NH: Heinemann, 2004）．

*2　Jean Piaget, *Science of Education and the Psychology of the Child*（New York: Orion Press, 1970）.

*3　L. S. Vygotskiĭ, *Michael Cole, Sally Stein, and Allan Sekula, Mind in Society: The Development of Higher Psychological Processes*（Cambridge, MA: Harvard University Press, 1978）.

Lev Vygotsky, *Thought and Language*, ed. and trans. Eugenia Hanfmann, Gertrude Vakar, and Alex Kozulin,（Cambridge, MA: MIT Press, 2012）.［邦訳『思考と言語 新訳版』レフ・セミョノヴィチ ヴィゴツキー著、柴田義松訳／新読書社刊／2001］

Jean Lave and Etienne Wenger, *Situated Learning: Legitimate Peripheral Participation*（Cambridge, UK: Cambridge University Press, 1991）.［邦訳『状況に埋め込まれた学習—正統的周辺参加』］

*4　Seymour Papert, "Hard Fun," *Bangor Daily News*, 2002, accessed February 12, 2018, http://www.papert.org/articles/HardFun.html

エッセイ 3

*1 「日常生活において、私たちは、苦しみ、喜び、楽しみ、そして嘆きというような言葉をごく普通に用いる。――しかし、これらの言葉が何を意味するのかを説明しようとすると、行き詰まる。その理由は、私が思うには、《気持ち》を単純なもの、もしくは根本的なものと考えているからである。そうではなく、どんな気持ちも、入り組んだプロセスを含んでいる。例えば喜びは、今しがた取った行動のうちどれが成功要因だったかを決める方法に関係していると、私は考えている。
（『ミンスキー博士の脳の探検』第 2 章 5 節 48 ページから引用）

*2　Allen Newell,"The Chess Machine: An Example of Dealing with a Complex Task by Adaptation,"in *Proceedings of the Western Joint Computer*

Conference (Los Angeles: ACM, 1955), 101-108.

*3   http://www.ou.edu/tulsa/education/faculty-staff を参照。

エッセイ4へのまえがき

*1   Seymour Papert, "Foreword: The Gears of My Childhood," in *Mindstorms: Children, Computers, and Powerful Idea*s (New York: Basic Books, 1980), vi-viii.   [邦訳『マインドストーム—子供、コンピューター、そして強力なアイデア』]

*2   Marvin Minsky, "Music, Mind, and Meaning," *Computer Music Journal* 5, no. 3 (1981) : 28-44, https://www.musicmindandmeaning.org/

*3   Marvin Minsky, *The Society of Mind* (New York: Simon and Schuster, 1986).   [邦訳『心の社会』]

エッセイ4

*1   これに関してはエッセイ2でより詳しく議論されている。

*2 「固定された思考態度」と「成長する思考態度」という一般向けの分類がある。以下も参照。Carol Dweck, *Mindset: The New Psychology of Success*(New York: Random House, 2006)   [邦訳『マインドセット—「やればできる！」の研究』キャロル・S・ドゥエック著、今西康子訳／草思社刊／2008／新装版2016]

*3   Marvin Minsky, "Thinking," in *The Emotion Machine: Commonsense Thinking, Artificial Intelligence, and the Future of the Human Mind* (New York:

Simon & Schuster, 2006), 215-253.　［邦訳『ミンスキー博士の脳の探検』第7章「思考」］

*4　マーヴィンは、類推による推論について詳しく述べている。Marvin Minsky, *The Emotion Machine: Commonsense Thinking, Artificial Intelligence, and the Future of the Human Mind* (New York: Simon & Schuster, 2006), 206-209 を参照のこと。　［邦訳『ミンスキー博士の脳の探検』第6章6節「類推による推論」］

*5　「mnemonic examples」（訳注：日本語では「語呂合わせ　覚え方」）で検索すると面白いものが見つかる。

*6　デバッグの例として、竹馬やお手玉の習得を使っている記述を以下の文章に見ることができる。
Seymour Papert, "Languages for Computers and for People," in *Mindstorms: Children, Computers, and Powerful Ideas* (New York: Basic Books, 1980), 95-119.　［邦訳『マインドストーム』］

*7　Dan Ariely, *Predictably Irrational: The Hidden Forces That Shape Our Decisions* (New York: Harper, 2008).　［邦訳『予想どおりに不合理 ―行動経済学が明かす「あなたがそれを選ぶわけ」』ダン・アリエリー著、熊谷淳子訳／早川書房刊／2008］

*8　Minsky, *The Emotion Machine*.　［邦訳『ミンスキー博士の脳の探検』］

*9　これらのアイデアは近年話題になっている「意図的な訓練（deliberate practice)」と通じるものがある。
Anders Ericsson and Robert Pool, *Peak: Secrets from the New Science of Expertise* (New York: Houghton Mifflin Harcourt, 2016).　［邦訳『超一流になるのは才能か努力か?』アンダース・エリクソン、ロバート・プール著、土方奈美訳／文藝春秋刊／2016］

*10　Marvin Minsky, *The Emotion Machine*, 81, 174, 210.　［邦訳『ミンスキー博

士の脳の探検』〕

*11　Scratch のウェブサイト（https://scratch.mit.edu/）は、うまく運営されているオンライン・コミュニティーの例である。

エッセイ 5 へのまえがき

*1　Marvin Minsky, *The Emotion Machine: Commonsense Thinking, Artificial Intelligence, and the Future of the Human Mind*（New York: Simon & Schuster, 2006）. 〔邦訳『ミンスキー博士の脳の探検』〕

*2　Seymour Papert and Cynthia Solomon, "Twenty Things to Do with a Computer（Artificial Intelligence Memo no. 248 and Logo Memo no. 3, AI Laboratory, MIT, June 1971）.

*3　Steve Lohr, "As Coding Boot Camps Close, the Field Faces a Reality Check," *New York Times*, August 24, 2017.
https://www.nytimes.com/2017/08/24/technology/coding-boot-camps-close.html

*4 「Hour of Code には、すでに 180 カ国以上から数千万人の生徒が参加しています。誰でも、どこでも 1 時間でできるチュートリアルを使って Hour of Code のイベントを開催することで、より多くの生徒にコンピューター・サイエンスを勉強するチャンスを届けることができます。4 歳から 104 歳まで、経験は必要ありません」（https://hourofcode.com、日本語サイト：http://hourofcode.jp/）

*5　Pasi Sahlberg, Finnish Lessons: *What Can the World Learn from Educational Change in Finland?*（New York: Teachers College Press, 2015）.

*6　Seymour Papert, "Hard Fun," *Bangor Daily News*, 2002, accessed April 23, 2018, http://www.papert.org/articles/HardFun.html

エッセイ5

*1　Marvin Minsky, *The Emotion Machine: Commonsense Thinking, Artificial Intelligence, and the Future of the Human Mind*（New York: Simon & Schuster, 2006), 2.　［邦訳『ミンスキー博士の脳の探検』］

*2　エッセイ2へのまえがきで触れられているように、マーヴィンはピアノの即興演奏を独学で身につけた。彼の特技はバッハ風のフーガを即興で弾くことであった。マーヴィンにとっては、フーガの即興演奏を学ぶことは、心の仕組みについて研究することでもあった。マーヴィンの音楽への愛を尊重して、本文のこの部分以降では、ピアノに関連した挿絵でマーヴィンのアイデアを表現している。

*3　エドガー・アラン・ポー（Edgar Allan Poe）の『構成の原理（The Philosophy of Composition)』も参照してほしい。絵画でもストーリーを伝えることができる。しかし、2次元の作品では、観察者の注目点を制御するのが難しい。
https://www.eapoe.org/works/essays/philcomp.htm

*4　"Running biomechanics : shorter heels, better economy"（http://jeb.biologists.org/cgi/content/abstract/211/20/3266）を参照のこと。

*5　*Teaching Children Thinking*, 1971, https://dspace.mit.edu/handle/1721.1/5835#files-area

*6　この段落では、クリストファー・ベッカー（Christopher Becker）による言葉を使わせてもらった。

エッセイ6へのまえがき

*1　SAINT を使ったサイトとして http://illuminium.org/calculus/integral.html を参照のこと。SAINT の背景は http://logical.ai/auai/#demos を参照のこと。

*2　フィードバックは技術用語である。解説は、https://en.wikipedia.org/wiki/Feedback を参照のこと。

*3　アレン・ニューウェルとハーバート・サイモンはカーネギー・メロン大学の教授であり、ミンスキー同様、AI を確立したパイオニアであった。

*4　Patrick Winston and Dylan Holmes, "The Genesis Manifesto: Story Understanding and Human Intelligence". ドラフトが http://courses.csail.mit.edu/6.034f/Manifesto.pdf で参照できる。

エッセイ6

*1　このエッセイで書かれたアイデアの多くは、シンシア・ソロモンとグロリア・ルディッシュに拠っている。

*2　後の研究で、報酬を予測しにくい方が効果が持続することが発見された。また、罰（弱化）も「間違った」行動を抑制する効果があることがわかっている。しかし、そのような行動は罰を与えるのをやめると再び現れるばかりか、しばしばより強く現れることもわかった。つまり、罰を与えるよりも報酬をやめた方が効果的ということである。より詳しくは、https://en.wikipedia.org/wiki/Reinforcement を参照されたい。

*3　このエッセイでは、「報酬に基づく」という言葉を、通常使われる「強化」という用語の代わりに使っている。強化とは、心理学の黎明期には、学習が刺

激と反応の間にある直接の「結びつき」を強めることを意味していた。しかし、これは人間の頭の中で起こっていることを適切に表していない。人間の頭の中では、外部行動からは観察できない形で、多数の階層において多くの構造や表現が変更されるからである。詳しくは『ミンスキー博士の脳の探検』の第5章を参照してほしい。

*4 Marvin Minsky, "Negative Expertise", Jan 4, 1994 (http://web.media.mit.edu/~minsky/papers/NegExp.mss.txt) を参照。

*5 Marvin Minsky, *The Emotion Machine: Commonsense Thinking, Artificial Intelligence, and the Future of the Human Mind* (New York: Simon & Schuster, 2006), 271-275. ［邦訳『ミンスキー博士の脳の探検』］

*6 Harold G. McCurdy, "The Childhood Pattern of Genius," *Horizon Magazine*, May 1960, 32-38.

*7 このようなルールの一部は生まれつきのものであるが（例えば「もしまぶしければ、目を閉じよ」）、後天的に学習されるものもある。

*8 『ミンスキー博士の脳の探検』第5章で、3部分ルールの集合をつなぎ合わせて知識ネットワークを作り、頭の中で仮想世界をどのようにシミュレートするのかについて説明している。これにより、私たちが「未来の計画」と呼ぶような連続した行動を取れるようになる。

*9 ケネス・マッコーコデール（Kenneth MacCorquodale）の解説を参照のこと。https://www.ncbi.nlm.nih.gov/pmc/articles/PMC1333660/

*10 『ミンスキー博士の脳の探検』第6章3節に、ニューウェル／サイモンのアイデアが詳述されている。仮説：脳内では、少なくとも部分的に、このような情報はジャコモ・リッツォラッティ（Giacomo Rizzolatti）が発見した「ミラー・ニューロン」によって表現されているように見受けられる。

*11 『ミンスキー博士の脳の探検』第９章で、このような不快感が、新しいことの学習を妨げないようにする方法について議論している。報酬に基づく旧来の理論では、「探求に伴う痛みの喜び」とでも呼ぶべきものを説明できない。

*12 『ミンスキー博士の脳の探検』第３章で、痛み、傷つき、苦しみを区別する必要について述べている。

*13　https://en.wikipedia.org/wiki/Constructionism_(learning_theory) を参照。

*14　表面的にはコンピューター・サイエンスは数学のように見えるかもしれないが、お互いが補完的なものだと考えることもできる。数学は、一見単純なことをより深く調べるための複雑な方法を提供する。コンピューター・サイエンスは、複雑な現象を単純な方法で考える方法を提供する。

*15　フィードバック・システムについては https://en.wikipedia.org/wiki/Feedback、https://en.wikipedia.org/wiki/Control_theory、そして http://www.well.com/~abs/curriculum.html を参照のこと。もちろん、ニューウェル／サイモンによる目標解決の理論もネガティブ・フィードバック・プロセスの例である。

*16　複数のロボットを協調動作させる研究の例としては、http://www.cs.cmu.edu/~robosoccer/main/ を参照のこと。http://en.wikipedia.org/wiki/Flocking_(behavior) や http://www.lalena.com/AI/Flock/ には群れの例が載っている。

*17　パトリック・ウィンストンによるエッセイ６へのまえがきを参照のこと。

*18　いわゆる「エキスパート・システム」を作ることも、既存のプログラミング言語とは違う興味深いプロジェクトである。https://en.wikipedia.org/wiki/Expert_system を参照。

*19　この算数教育の方針では、計算の表を暗記するという、一部の子供に

とっては数百時間もかかるような作業をする必要がなくなる。6歳児にとって1時間がどのくらいの長さに感じられるのか覚えている大人は少ない。このことが、算数を憎む大人が大勢いることの理由かもしれないのだ。http://www.triviumpursuit.com/articles/research_on_teaching_math.php を参照のこと。

*20　マーヴィンは「規則ベースのシステム」もプロジェクトのカテゴリとして挙げているが、本文中では詳しくは述べていない。

エッセイ1へのあとがき

*1　Marvin Minsky, The Society of Mind（New York: Simon & Schuster, 1985）, 18　［邦訳『心の社会』第1章1節］

*2　Seymour Papert, "Hard Fun," Bangor Daily News, 2002, accessed April 23, 2018, http://www.papert.org/articles/HardFun.html

*3　Seymour Papert, Mindstorms: Children, Computers, and Powerful Ideas（New York: Basic Books, 1980）.　［邦訳『マインドストーム—子供、コンピューター、そして強力なアイデア』］

*4　GPは通常、ティンカートイのようにカラフルなブロックを使っているが、本文では白黒印刷のことを考慮し、灰色の背景と黒い文字を使っている。

*5　ロサンゼルス公立学校区の「オープン・マグネット・スクール」（ロバータ・ブラット校長）。ビバリウム・プロジェクトは、アップル・コンピューターとMITメディアラボとの共同研究であった。

*6　この仕組みは分子レベルの詳細まで解明されてきており、学ぶのも非常に楽しいところである（私が60年前に生物と数学を専攻していた頃と比べてみると、特にそうだ）。

*7 この scrawlscript 言語では、⟲の印を「ずっと」の意味で使っている。

*8 ここに書いたことは、素晴らしい形で Sketchpad と関連している。Sketchpad は、世界初の本格的な対話型グラフィックス・システムとして、アイバン・サザランド（Ivan Sutherland）によって 1962 年に発明されたプログラムであり、複数の部品を組み合わせることによって新しい部品を定義することができた。マーヴィンはアイバンの指導教官だったのだ（236、237 ページの Sketchpad に関する段落を参照）。

*9 SNARC：Stochastic Neural Analog Reinforcement Calculator。マーヴィンが SNARC について説明している素晴らしいビデオが YouTube にある。
https://www.youtube.com/watch?v=Zo68UjlWj8Y

*10 ダニエル・カーネマン（Daniel Kahneman）は著書『Thinking: Fast and Slow』 [邦訳『ファスト＆スロー あなたの意思はどのように決まるか？（上／下）』ダニエル・カーネマン著、村井章子訳／早川書房刊／ 2014] で、非顕在的で比較的速い思考が、人間でもどのくらい行われているのかに関して大きな視点から論じている。

*11 この講演の実質的な内容の多くは、マーヴィンがチューリング賞受賞に際して執筆した論文に収められている。「Form and Content in Computer Science」という題で、*Journal for the Association of Computing Machinery* 17, no. 2（April 1970）に掲載されている。
http://web.media.mit.edu/~minsky/papers/TuringLecture/TuringLecture.html

おわりに

*1 Marvin Minsky, 未発表原稿　c. 1993.

参考文献

◎アラン・ケイ推薦

Abelson, Harold, and Andrea A. DiSessa. Turtle Geometry: The Computer as a Medium for Exploring Mathematics. Cambridge, MA: MIT Press, 1992.

Bruner, Jerome. Man a Course of Study (Occasional Paper no. 3, Social Studies Curriculum Program). Cambridge, MA: Educational Development Center, 1965.

Bruner, Jerome. The Relevance of Education. New York: WW Norton, 1971.

Bruner, Jerome. Toward a Theory of Instruction. Cambridge, MA: Belknap Press, 1966.
［邦訳『教授理論の建設 改訳版』J.S.ブルーナー著、田浦武雄、水越敏行訳／黎明書房刊／ 1983］

Dewdney, A. Kee. The Tinkertoy Computer. New York: Freeman, 1993.

Dow, Peter B. Schoolhouse Politics: Lessons from the Sputnik Era. Bridgewater, NJ: Replica Books, 2000.

Grey Walter, William. "An Imitation of Life." Scientific American 182, no. 5 (1950): 42-45.

Grey Walter, William. The Living Brain. New York: Norton, 1953.

Grey Walter, William. "A Machine That Learns." Scientific American 185, no. 2 (1951): 60-63.

Hebb, Donald O. The Organization of Behavior: A Neuropsychological Theory. New York: Routledge, 2012.

Hillis, W. Daniel. The Pattern on the Stone: The Simple Ideas That Make Computers Work. New York: Basic Books, 2015.

Kahneman, Daniel. Thinking, Fast and Slow. New York: Farrar, Straus and Giroux, 2015.

Kandel, Eric R., and Sarah Mack. Principles of Neural Science. New York: McGraw-Hill Medical, 2014.

Kay, Alan. Adele Goldberg, "Personal Dynamic Media." IEEE Computer, March 1977.
［邦訳『アラン・ケイ』アラン・C. ケイ著、鶴岡雄二訳／アスキー刊／ 1992、pp.31-60「パーソナル・ダイナミック・メディア」］

Kay, Alan C. "Microelectronics and the Personal Computer." Scientific American 237, no. 3 (September 1977): 231-245.
［邦訳『アラン・ケイ』アラン・C. ケイ著、鶴岡雄二訳／アスキー刊／ 1992、pp.61-92「マイクロエレクトロニクスとパーソナル・コンピュータ」］

Kay, Alan C. "Computers, Networks and Education." Scientific American 265, no. 3 (September 1991): 138-149.
Kay, Alan C., and Adele Goldberg. "Personal Dynamic Media." Computer 10, no.3 (March 1977): 31-41.

Macauley, David. Building the Book Cathedral. Boston: Houghton Mifflin, 1999.

Macaulay, David. Cathedral. Boston: Houghton Mifflin, 1973.
［邦訳『カテドラル—最も美しい大聖堂のできあがるまで』デビッド・マコーレイ著、飯田喜四郎訳／岩波書店刊／ 1979］

Minsky, Marvin. "Form and Content in Computer Science." Journal for the Association of Computing Machinery 17, no. 2 (April 1970). http://web.media.mit.edu/˜minsky/papers/TuringLecture/TuringLecture.html.

Minsky, Marvin. "Preface." In LogoWorks: Challenging Programs in Logo, edited by Cynthia Solomon, Margaret Minsky, and Brian Harvey, vii-xii. New York: McGraw-Hill, 1986.

Minsky, Marvin L. Computation: Finite and Infinite Machines. Taipei: Central Book Co, 1967.

Minsky, Marvin. The Society of Mind. New York: Simon & Schuster Paperbacks, 1988.
［邦訳『心の社会』マーヴィン・ミンスキー著、安西祐一郎訳／産業図書刊／ 1990］

Papert, Seymour. Mindstorms: Children, Computers, and Powerful Ideas. New York: Basic Books, 1980.
［邦訳『マインドストーム—子供、コンピューター、そして強力なアイデア』シーモア・パパート著、奥村貴世子訳／未来社刊／ 1982 ／新装版1995］

Papert, Seymour. "Teaching Children to Be Mathematicians versus Teaching about Mathematics." International Journal of Mathematical Education in Science and Technology 3, no. 3 (1972): 249-262. doi:10.1080/0020739700030306.

Papert, Seymour, and Cynthia Solomon. "Twenty Things to Do with a Computer." Artificial Intelligence Memo no. 248 and Logo Memo no. 3, AI Laboratory, MIT, June 1971.

Silverman, Brian. Logo MicroWorlds Ex Vocabulary. Logo Computer Systems Inc., 2003-2004. http://www.lcsi.ca/pdf/microworldsex/microworlds-ex-vocabulary.pdf.

Solomon, Cynthia. Computer Environments for Children: A Reflection on Theories of Learning and Education. Cambridge, MA: MIT Press, 1986.

参考文献

Travers, M. "Agar: An Animal Construction Kit." Master's thesis, MIT Media Laboratory, 1988.

Travers, M. "Programming with Agents: New Metaphors for Thinking about Computation." PhD diss., MIT Media Laboratory, 1996.

Wiener, Norbert. Cybernetics: Or Control and Communication in the Animal and the Machine. 2nd ed. Cambridge, MA: MIT Press, 1961.
[邦訳『ウィーナー　サイバネティックス—動物と機械における制御と通信』ノーバート・ウィーナー著、池原止戈夫・彌永昌吉・室賀三郎・戸田巌訳／岩波書店刊／ 1962 ／岩波文庫2011]

◎ゲイリー・ステーガー推薦

Duckworth, Angela. Grit: The Power of Passion and Perseverance. Toronto: Collins, 2016.

Duckworth, Angela L., Christopher Peterson, Michael D. Matthews, and Dennis R. Kelly. "Grit: Perseverance and Passion for Long-Term Goals." Journal of Personality and Social Psychology 92, no. 6 (2007): 1087-1101.doi:10.1037/0022-3514.92.6.1087.

Dweck, Carol. "Even Geniuses Work Hard." Educational Leadership 68, no. 1 (2010): 16-20.

Dweck, Carol. Mindset: The New Psychology of Success. New York: Random House, 2006.
[邦訳『マインドセット—「やればできる！」の研究』キャロル・S・ドゥエック著、今西康子訳／草思社刊／ 2008 ／新装版2016]

Dweck, Carol S. "Mindsets and Human Nature: Promoting Change in the Middle East, the Schoolyard, the Racial Divide, and Willpower." American Psychologist 67, no. 8 (2012): 614-622.

Lave, Jean, and Etienne Wenger. Situated Learning: Legitimate Peripheral Participation. Cambridge, UK: Cambridge University Press, 1991.

Papert, Seymour. The Children's Machine: Rethinking School in the Age of the Computer. New York: BasicBooks, 2000.

Papert, Seymour. "Hard Fun." Bangor Daily News, 2002. Accessed February 12, 2018. http://www.papert.org/articles/HardFun.html.

Piaget, Jean. Science of Education and the Psychology of the Child. New York: Orion Press, 1970.

Sarason, Seymour Bernard. And What Do You Mean by Learning? Portsmouth, NH: Heinemann, 2004.

Sarason, Seymour Bernard. The Predictable Failure of Educational Reform: Can We Change

Course before Its Too Late? San Francisco: Jossey-Bass, 1991.

Sarason, Seymour Bernard. Revisiting the Culture of School and the Problem of Change. New York: Teachers College Press, 1996.

Sarason, Seymour Bernard. Educational Reform: A Self-Scrutinizing Memoir. New York: Teachers College Press, 2003.

Vygotskiĭ, L. S., Michael Cole, Sally Stein, and Allan Sekula. Mind in Society: The Development of Higher Psychological Processes. Cambridge, MA: Harvard University Press, 1978.

Vygotsky, Lev. Thought and Language. Edited and translated by Eugenia Hanfmann, Gertrude Vakar, and Alex Kozulin. Revised and expanded ed. Cambridge, MA: MIT Press, 2012.
［邦訳『思考と言語 新訳版』レフ・セミョノヴィチ ヴィゴツキー著、柴田義松訳／新読書社刊／2001］

参考文献

"創造する心"を創造する環境

——安西祐一郎

　マーヴィン・ミンスキーが学生時代を過ごしたハーバード大学、研究生活を過ごしたMITは、ともに米国の東海岸、ボストンに隣接する、マサチューセッツ州ケンブリッジにある。ケンブリッジを訪れた回数は数え切れないが、ハーバードとMITのキャンパスの間を流れるチャールズ川の畔に立つと、いつも心に浮かぶ言葉がある。「創造するこころ」という言葉である。その言葉がこの本の題名になっていることにまずびっくり。と同時に、そのものズバリの表題がついた本の安心感に浸った。

　"創造する心"っていったい何のことか？それを考え、実践するには、この本を読むのが一番だ。この場で付け加えることがあるとすれば、創造する心を育む環境が決定的に大事だということである。チャールズ川の畔で、型にはめられた心の硬さがほぐれて、創造する心の伸び伸び感とワクワク感が夏の入道雲のように湧き上がる。しかも、この入道雲は、誰もまだ見たことのない世界を拓く青空に伸びているのだ。伝統の重みに圧倒される（それはそれで好きなのだが）英国ケンブリッジ大学のキャンパスとは違った解放感がある。文系に強いハーバードだけでなく理系で世界をリードするMITがあるのも、解放感の由来かもしれない。

6 つのエッセイとその特徴

この本に載っているミンスキーの6つのエッセイ、またそれぞれに記された研究者たちの議論には、いくつかの特徴がある。そのポイントを私なりにまとめてみた。

第一は、"創造する心"の主要な部分が、いろいろな部品を組み合わせて新しい全体を創っていくプロセスにある、という点について（エッセイ1）。この点のポイントは、部品の間のインタラクション（相互作用）を自分で創り出し、それを意識できるようにしていくこと、部品を「組み合わせる方法」を創り出し、活用できるようにしていくことがきわめて大事だ、というところにある。また、入れ子構造(再帰性)を発見し活用していくことも、重要なポイントである[※1]。

第二は、エッセイ2について。エッセイ2が示唆しているのは、算数や数学の楽しさというポイントである。日本では、小学校では算数が好きだったのに中学、高校と進むにつれて数学が苦になり嫌いになる、という傾向が強い。本来は、数学は計算というよりむしろ世界の表現方法とみなすべきなのだ。例えば、本書の最後に載っている、ミンスキーのお嬢さんのマーガレット・ミンスキーによる「絵の描き方を学ぶ」も、世界の表現方法としての数学の学習と関係がある。何かを創造しようとすれば、心の中で何らかの世界を表現することになる。その表現のための道具として、数学はとても柔軟な、面白い使い方ができ

日本語版特別寄稿　〝創造する心〟を創造する環境

[※1]　著者注：1970年代からの私たちの研究によれば、入れ子構造を自分で発見することの難しさは問題の領域に依存し、領域によっては入れ子構造を見つけるのがかなり難しい場合もあることがわかっている。〝創造する心〟を育むコンピュータ環境を創ることでこの難しさを乗り越えられる、とミンスキーは考えていたのだと思う。

る。ここがわかれば数学を学んで使うことが楽しくなる。数学だけを別扱いして嫌々ながら勉強するなど、それこそ別世界の話になる。

　第三は、エッセイ3に書かれていること。学びの方法、学びの段階は人それぞれで、年齢や学年で切れるものではない、という点である。当たり前のことなのに、特に日本の学校には厳然とした学年制度がある。その理由としては、個々の子供の能力の違い、伸びしろの違い、科目の好き嫌いを犠牲にしても、同じことを同じように教えた方が、社会秩序を保ち社会の生産効率を上げるためにも、学校側の管理効率から見ても、教育コスト全体の面からも得策だから、という点が大きい。しかし、この管理的発想は日本の「追いつき追い越せ」時代、1980年代末には終わりを告げた高度経済成長時代までの発想にすぎない。"創造する心"を育む環境と学年制度とが相反することは、創造性を育む学びの方法や学びの段階が個々の子供ごとに多様であることから見ても明らかである。多様な能力を秘めた子供たちがそれぞれの人生をいきいきと生きていくべきこれからの時代には、"創造する心"の発想を十分に取り入れていく必要がある。

　第四に、"創造する心"を育むには、何かを創り出すプロセスを誘導してくれるロール・モデルやメンター（ミンスキーの言葉によればインプリマ）が必要だという点について（エッセイ4）。まったく1人だけの発見による学び（learning by discovery）、また、すべて教えてもらうだけの学び（learning by being taught）よりも、適切にヒントを与えてくれるが「教え過ぎない」ガイドがあった方が（learning with assistance）学びの効果が上がることは、認知と教育の研究で昔から知られている。このことから一歩踏み込んで言えるのは、尊敬できるメンターに出会い、その人から何かのエッセンスを吸収する環境にいられることが"創造する心"を育むには決定的に大切だということである。ボストンにはまさ

にそういう環境があり、それを創り出してきたのは、型にはまらない
"創造する心"を尊ぶ人たちであった※2。

　第五に、学びには（学校教育でいう）教科を横断する一般的な学びの
方法がある、ということについて（エッセイ5）。そのポイントは、エッ
セイ5が領域を超えた「学びの一般的方法」についての指摘であって、教
科教育が岩盤のごとく根を張っている現在の学校教育における教育方
法や、教科を横断して広く学ぶのがリベラルアーツだ（しかし学びの方
法については問わない）、という指摘とは異なる、という点にある。も
ちろん米国の教育にも深刻な問題はたくさんあるし、ここで日米の比
較をするわけではないが、日本の教育界の1つの特徴は、「教科を超えた
学びの方法」について具体的に検討することが少ない、という点にある
ように思われる※3。

　第六に、"創造する心"を身につけるには、自分自身についての理論を
自分で創り出していくためのアイデアを提供することが大事だ、とミ
ンスキーが強調している点である（エッセイ6）。ここでのポイントは、
自分についての「理論」とか「自分についての理論を自分で創り出す」と
いう言葉がいったい何を意味しているのか、ということにある。これ

日本語版特別寄稿　"創造する心"を創造する環境

※2　著者注：「情報共有によるインタラクションの理論 (theory of interaction by information sharing)」(安西, 認知科学, 2017) は、認知科学とコンピュータサイエンスを援用して社会的インタラクションの一般理論を提唱しており、メンターと学び手の関係もこの理論の範疇に含まれる。

※3　著者注：日本の小中高等学校教育には「総合的な学習の時間」(2022年度から始まる高校の新学習指導要領では「総合的な探究の時間」に改訂される) があり、「横断的・総合的な学習や探究的な学習を通して、自ら課題を見付け、自ら学び、自ら考え、主体的に判断し、よりよく問題を解決する資質や能力を育成するとともに、学び方やものの考え方を身に付け、問題の解決や探究活動に主体的、創造的、協同的に取り組む態度を育て、自己の生き方を考えることができるようにする」という目標が掲げられている。目標自体は立派なものであり、教育現場でも 多くの努力が傾注されている。ただ、実際の指導は主体的な問題解決力を養う動機づけが主眼で、「教科を超えた学び方」にはどんなものがあってどう具体的に教えたらよいか、その学び方が個々の教科科目の学習にどう関連するかをどう教えるか、などについての具体的検討は、あまり進んでいないように思われる。

らの概念を抽象的なレベルのまま理解するのは、心のプロセスに関する概念に慣れていない人にとっては難しいかもしれない。まして子供にとっては、こういう言葉で言われても何だかわからないのが当たり前だろう。しかし、こうした言葉の意味を自分の活動を通して実感し、理解していくことは、コンピュータサイエンスを援用すれば子供でもできる。先にもエッセイ4に関連して述べたように、尊敬できるメンターに出会える環境があればなおさら効果的だ。"創造する心"はこうして、"創造する心"を育む環境を創ることによって育まれる。

ミンスキーとの出会い

　ミンスキーに初めて会ったのは1986年、東京でのことだった。それより前、彼の『心の社会』(産業図書, 1990) の原稿を初めて読んだのは1985年にMITのAIラボを訪れた時のことである。当時から、彼の良き理解者でありその後訳書『ミンスキー博士の脳の探検』(共立出版, 2009) を出した竹林洋一さんの仲介も含め、何度も会う機会があった。

　ミンスキー自身の"創造する心"が垣間見えたエピソードはたくさんあるが、ここでは1つだけ、彼と一対一で話をしていた時のことを紹介しよう。私が何かを問いかけたのに対するミンスキーの答えだったように記憶している。MITの同僚で当時「表象なしの知能」ロボットの研究で評判になっていたロドニー・ブルックスを引き合いに出して、ロドがなぜロボットのハードウェア製作にこだわるのか理解できない、(表象なしの知能を探究するのなら) ソフトウェアでシミュレーションすれば十分じゃないか、と彼がよくする悪戯っぽい顔をして言った。

　このことを鮮明に覚えているのは、ブルックスの研究がいけないというわけではなく、ミンスキーがコンピュータサイエンスに絶大な信

頼を抱いていることを、その時にあらためて感じたからである。ミンスキーは「コンピュータサイエンスはインタラクションの科学である」と言い切り、本書の関連で言えば、自分自身についての理論、つまり自分の心のあり方を自分で発見するためのコンピュータとプログラミング言語の効用を強く主張してきた。その後ミンスキーの良き共同研究者になったパパート（彼にも会ったことがあるが、数学者でピアジェの流れを汲む発達科学者であり、物静かな、しかし情熱の人という印象がある）が本書の編集をしているソロモンらと開発したLogoはその先駆けだった言語で、ミンスキーは彼らをMITに呼んで後押しした。

コンピュータサイエンスの力を信頼するミンスキーが学習のプロセスに関心を持ち続けたのは、コンピュータサイエンスの本質を援用して心のプロセスの理解を推進する方法論の中核的なテーマとして自然なことであったに違いない。本書のエッセイは、長きにわたる彼のこのような関心の中で生まれたものと考えられるが、とりわけ2つの点に気づかされる。

1つは、先に述べたように、6つのエッセイの内容が一貫していて、すべて「心は何かを創造するのであって、型にはまったお仕着せのことをさせられるためのものではない」ということを主張している点である。

もう1つは、それぞれのエッセイに付けられている文章を書いた研究者たちの水準と、彼らの抱くミンスキーへの温かい想いである。例えば、ゼロックス・パロアルト研究所でパーソナルコンピュータのアーキテクチャとオブジェクト指向プログラミング言語の源流を創ったアラン・ケイ、ジェラルド・サスマンとともにプログラミング言語の教科書の中でも名著として知られる『計算機プログラムの構造と解釈』（和

田英一訳, 翔泳社, 第2版, 2014) を書いたハル・エーベルソン、ミンスキーの後を継いで29歳の若さでMIT AIラボの所長になり25年間その職にあった意味理解研究のパトリック・ウィンストン、ほか錚々たるメンバーが、心のこもった文章を寄せている。

　本書の特徴の1つは、一見天才肌に見えるミンスキーを囲んで研究をしてきた人たちの、ミンスキーが好きだ、という気持ちがあふれていることにある。また、ミンスキーが鍵概念としていた「目標」という用語を使えば、"創造する心"を文章に表現するという「目標」が彼らに十分「共有」されていることにある。いわば弟子筋にあたる人たちによるこうした本は論文集の体裁を取ることが多いが、本書は全編がミンスキーとその仲間の感情と目標が「共有」された本になっている点に際立った特徴がある。

ミンスキーとサイモン

　ミンスキーは、よく知られているように、人工知能研究の先駆者であり、コンピュータサイエンスのノーベル賞といわれるチューリング賞の受賞者である。私自身の「メンター」はカーネギーメロン大学のハーバート・サイモンだが、サイモンもまた人工知能研究の先駆者であり、チューリング賞とさらにノーベル経済学賞の受賞者でもある。

　ミンスキーとサイモンはともに、「人工知能」という言葉を創った1956年のダートマス会議のメンバーだった。当時ミンスキーはまだ20代、サイモンは40歳、会議を主宰したジョン・マッカーシーはミンスキーと同い年の20代で、新しい学問領域を創るのに、他分野の人たちまで委員に入れた委員会を官庁が主催して何年も続けるみたいなやり方とは異なる、現場の研究者たちによる「人工知能」研究の出発だった。

ミンスキーとサイモンは、歩んだ道も性格もまったく違う、しかしともに"創造する心"の卓越した研究者であり、既存の分野や型にはまった方法論にとらわれず、新しい分野と方法論を開拓した学問の巨人である。

　ミンスキーは数学出身で物理学にも研究上の関心を持ち、その挙動や話し方にも天才肌が垣間見える。しかし、「これは」という人とはいつも同じ目線で楽しく会話をする人であった。一方サイモンは、シカゴ大学政治学科出身の社会科学者で、経済組織における意思決定の研究のためにコンピュータサイエンスと人工知能の研究に分け入った人である。経済学、行政学から科学哲学、認知科学まで、「ルネッサンス・マン」というあだ名があり、議論の鋭さと文章の明晰さで群を抜いていたが、偉ぶるところの一切ない、温厚な紳士であった。

　出身分野や性格の違いはともかく、彼らの共通点が少なくとも2つある。1つはピアノを弾くこと。ミンスキーはクラシックをほとんどプロ並みに即興で弾いた。サイモンはピアノ教師だった母から譲られたピアノでやはりクラシックをよく弾いた。お嬢さんのキャサリンによれば、年齢を重ねて夫妻で長く住んだ自宅を引き払いアパートに越した時にも、このピアノだけは持っていったとのこと。

　ピアノのことは別として、ここでの本筋はもう1つの共通点の方である。それは、彼らが心のプロセスを理解するのにコンピュータサイエンスの方法論を導入した点にある。インタラクションを基礎とする理論やモデルを指向したミンスキーと、記憶の制約のもとでの発見的探索を基にした理論やモデルを提唱したサイモン（と共同研究者のアレン・ニューウェル）とは、アプローチがまったく違うが、彼らの目標が心の理解にあったことは大事な共通点である。しかも、ミンスキー

だけでなく、サイモンもまた学習や教育のテーマに研究上の関心を持ち続けた。サイモンの場合は、例えば人が問題を解いたり科学的発見をする心のプロセスの解明とシミュレーションに取り組み、子供の学びにはあまり立ち入っていない。また、学習におけるプラクティスの役割を重視した。これに対してミンスキーは、本書にあるように何かを創造する心のはたらき、子供の創造性の探究、そして"創造する心"へのコンピュータサイエンスの援用に、長く関心を持ち続けた。

"創造する心"・学習の理論・インタラクションの理論

私が米国のピッツバーグ（内陸のペンシルバニア州にありボストンとは異なる文化を持つ）に渡り、心理学科とコンピュータサイエンス学科の兼務のポスドクとしてサイモンに師事するようになったのは、1976年のことであった。着任後すぐにサイモンと始めたのが、「自分で何度も問題を解いているうちに新しい解決方法を自分で発見する学習プロセス」の研究だった。先に挙げた、ミンスキーがエッセイ6で書いている「自分自身についての理論を自分で創り出していく」プロセスと、大きく重なるテーマである。

実際、ウィンストンが、本書164ページでサイモンとニューウェルの有名な一般問題解決装置（GPS）を引用しながら述べている「……差分削減のアイデアを知り、それに名前を付け、その威力を知ると、子供たちは差分削減のアイデアを他の問題に自分自身で適用できるようになる。つまり、彼らはどうやって考えるのかについて1つ重要なことを学んだことになる……」は、まさに私自身がサイモンと1976年に開始し、その後私個人では1990年代まで20年近くにわたって続けた、「することによる学習の理論（theory of learning by doing）」（Anzai and Simon, Psychological Review, 1979）の一部にほかならない。また、そ

の一環として研究した、船の操舵の新しい方法を自分で発見していく学習のプロセス（Anzai, Cognitive Science, 1984）もまた、まさに自分についての理論を自分で創り出していくプロセスにほかならない。

　さらに記せば、ミンスキーもサイモンも、コンピュータサイエンスを援用した心の探究の開拓者だったが、「複数の人たちの間での心のインタラクション」や、「創造する（2人以上の人間の）心」に対しては、本格的な研究成果を挙げるところまでは射程が届かなかったように思われる。本書のエッセイ4は、この方向に対するミンスキーの考え方として貴重な文献だが、学び手とメンターが目標、信頼感、共感のような多様な情報をどのように共有すれば学び手の"創造する心"が十分に発揮されるのか、こうした点はこれからの問題である。まっさらの地に"創造する心"の図柄を描いた彼らの努力のさらに先には、「情報共有による心のインタラクション」と"創造する心"の関係をどう理解し、どう実践するか、という興味深い問題が横たわっている。

「情報共有によるインタラクションの理論」について私が初めて公の場で講演したのは2007年3月のことで、カーネギーメロン大学コンピュータサイエンス学部主催の特別講演としてであった。その後10年あまり理論の洗練を進めているが、さらに先の構想として、この理論と「することによる学習の理論」を組み合わせることによって、彼らが描いた"創造する心"の図柄を社会的インタラクションの場に拡張することができると考えている。これら2つの理論はともにコンピュータプログラムで表現可能な手続き的理論であり、ミンスキーとサイモンが構想した「心のプロセスのシミュレーション」の方法論を引き継ぐことができるようになっている。

"創造する心"と教育

"創造する心"を育むには、それなりの環境が必要である。しかし、日本にも米国にも、あるいは他の諸国・地域にも、教育の世界には、それぞれの国・地域特有の、多くの根深い問題がある。米国の教育現場では、もちろん例外はあるが、一般に経済格差、地域格差、人種の問題が深刻である。その一方で、日本の教育制度では、(もちろん例外はあるものの一般には)長年にわたる「上から目線の教育、生徒(児童)が突出しないように配慮する横並びの学習、厳密に同じ方法による厳密に同じ内容の教え込み」が顕著で、本書の主張とは真逆の傾向がある。協調学習の導入が小学校から中学校にかけて進んでいる中で、高等学校にいくにしたがって上の傾向はむしろ著しくなる。

日本の場合、団塊の世代の頃に比べると半減してしまった18歳人口、教育における世界の変化とは離れつつある教育方法や教育内容、これらの問題に背を向けた教育制度、世界に誇った義務教育の成功体験の残影にまぎれてこの20年間を過ごしてきた結果、日本の教育は今、大きな曲がり角に立っている。例えば、2019年度補正予算によって、小中学生1人にパソコン1台を配布する政策の導入が決定された。では、そのパソコンを使って、教育する側はどんな教育を「したい」のだろうか。教育委員会や学校側からの熱意を持った対応があまり聞こえてこないのはどうしてなのだろうか。パソコン1人1台政策は重要な前進だが、教育方法の開発に知恵を絞り、できるだけコストをかけずに"創造する心"を育むことができるかどうか、日本は今、それができるかどうかの大きな分岐点にある。

繰り返しになるが、米国の教育にも経済格差や人種の問題を含めて

根深い問題がたくさんある。本書は教育のことを扱ってはいるが、米国の教育問題すべてを網羅して議論しているわけではない。ミンスキーは、米国でも指折りの科学高校であるブロンクス高校出身、ハーバードとプリンストンの数学科で学んだ知的超エリートである。本書は、米国の教育全体の具体的な改革を念頭に置いた教育政策の深刻な提言ではなく、むしろもっと基本的な、子供たち一人ひとりが秘めているはずの「創造する」能力をどうすれば開花させることができるか、という問題への、楽しくあるべきチャレンジを綴ったものである。

進化の過程で人間が身につけてきたと考えられる心の基本的能力、しかもそのうちでも根源的な能力の1つである「創造する」能力を、個々の子供たちが自ら育んでいくこと、それを支える学びの環境を創ること、これらの大切さを否定することは誰にもできない。

人の学びを結果だけで評価し偏差値で格付けすることに拘泥せず、個々の人間の学びのプロセス、そして、学ぶ方法を学ぶことに焦点を当てた教育の方法論を開拓することが、これからの時代に向けてきわめて重要になる。メンターのような他者と情報を共有することを通して学ぶ方法論の開拓も、これからの時代には大切になる。"創造する心"を描いた本書は、こうした開拓のヒント、そして実践のためのヒントをたくさん与えてくれる。

もう一度、ミンスキーと"創造する心"について

世界のトップレベルで"創造する心"を育む環境がボストンにはある。未知の世界に導いてくれるインプリマもいる。日本にはそういう場所があるのだろうか。あるに違いないとは思うが、はて、なかなか思い浮かばない。

「"創造する心"を"創造する心"」(これが入れ子構造！)を持ったミンスキーと彼を囲む人たちによる本書は、日本における学びのあり方、教育のあり方の転換に多くのヒントを提供してくれる。本書のヒントを活かすかどうかは、私たち一人ひとりが"創造する心"を持とうとするかどうかにかかっている。

【寄稿者紹介】
安西 祐一郎　（あんざい ゆういちろう）
1974年慶應義塾大学大学院工学研究科博士課程修了、1981年カーネギーメロン大学客員助教授、1985年北海道大学文学部助教授、1988年慶應義塾大学理工学部教授、1993年慶應義塾大学理工学部長、2001年慶應義塾長、2011年日本学術振興会理事長、2018年より同顧問。文部科学省中央教育審議会会長、日本ユネスコ国内委員会会長なども務めた。現在、内閣府人工知能戦略実行会議座長を兼務。専門は認知科学・情報科学。著書等に『心と脳』(岩波書店)、『認識と学習』(岩波書店)、『問題解決の心理学』(中央公論社)、『心の社会』(訳書、産業図書)、『未来を先導する大学』(慶應義塾大学出版会)、『教育が日本をひらく』(慶應義塾大学出版会)ほか多数。

訳者あとがき

　私は1998年頃から現在まで約20年にわたり、アラン・ケイ博士の部下そしてまた協力者として、コンピューティングと教育に関するさまざまなプロジェクトに従事してきた。この本にまとめられたマーヴィン・ミンスキー博士のエッセイが書かれるきっかけとなったOLPCプロジェクトにも参加し、エッセイがプロジェクトのサイトで発表された時には興味深く読んだものである。編者のシンシア・ソロモン博士とはその頃から親交があり、Scratchカンファレンスなどで一緒になった時には、アランや他の人に関する昔話を聞かせてもらったりもした。

　『Inventive Minds』というこの本の計画については、2017年9月にアランから「エッセイ1へのあとがき」の構想を聞かされた時に知った。アランは、コンピューターが人類にとっての新しい「メディア」となる可能性について生涯をかけて研究している。彼は、アイデアを伝えるための媒体の一例として、論旨を展開するための文章と、読者が変更できる動的なシミュレーションとを融合した「アクティブ・エッセイ」と呼ばれるスタイルの文書を作ることに以前から興味を持っていた。彼がこの本に参加するようシンシアから打診された時には、彼の中で「アクティブ・エッセイの虫」が大きく騒ぎ出したことだろう。

　シンシアとしては、協力者にはそれぞれ数ページの簡単な文章を書いてもらえばよいという心積もりであった。アラン以外の協力者はちゃんと空気を読み、適度な量の文章を提供したのだが、アランにとっては、敬愛するマーヴィンについて、たった数ページ書くだけで

はとても満足できない。彼は文章を丁寧に書いただけでなく、絵や図、そして子供が扱えるようなシミュレーションのプログラムまで作ってしまった。

　動的なシミュレーションの部分は、ウェブページに埋め込むことが可能で、また想定された読者である中学生レベルの読者でも変更できるものとし、そしてせっかくだから仲間が作った言語を使おう、ということで、ジョン・マロニー博士とイェンス・メーニヒ（Jens Monig）、そして私の3人で作っていたGPというエンド・ユーザー向けプログラミング・システムを使うこととなった。

　アランは結局数カ月かけて文書とGPのプログラムを編集し続け、2017年末にシンシアに提出した原稿は、本書のフォーマットで数えれば30ページを超えるものとなっていた。

　その後はしばらく進行を追っていなかったが、2018年4月頃に、友人であり、オライリー・ジャパンからも何冊かの本を出版している阿部和広氏から、本の翻訳をしてみないかと打診があった。話を聞いてみると、なんとその本が『Inventive Minds』だったのである。阿部さんは私が原著に関与したということを知らずに、たまたま連絡してきてくれたのである。

　本の内容は、OLPCプロジェクトの時に読んだミンスキー博士のエッセイ、そして上記のアランによる文章などがあり、私が興味を持つ分野のど真ん中を突いている。その上で翻訳の打診を受けるという偶然が重なったからには、引き受けないわけにはいかない。

　受け取った原著の原稿は、かなり完成に近いものではあった。アラ

ンの「エッセイ1へのあとがき」は、シンシアから聞かされていた通りに（「これはマーヴィンの本なのに、シミュレーションの話なんか書いたりして！」）、見事に動的シミュレーションの部分が削られて、文章量は半分ほどになっていた。ただ、翻訳のために精読してみると、一部に時系列の間違いや、用語の使い方に問題があるところもあった。そのようなフィードバックをアランへ送ることができたことも、作業上のやりがいの一部となった。そのようなやり取りを経て、アランの承諾を得て、原著では割愛されてしまった部分を含めて、日本語版ではアランが最初に書いた原稿全文を収録できる運びとなった。

　ミンスキー博士の文章は、構成や用語は難しくはないものの、論理の展開に独特の部分があるように思われる。原文の意を失わずに、書かれている情報は確実に訳出しつつ、日本語としてなるべく読みやすくなるように工夫したつもりである。他の8人の文章はそれぞれ異なったスタイルを持っているのだが、残念ながら、原文にあるスタイルの違いを訳文では出しきれていないかもしれない。その点はご容赦いただきたい。

　用語の翻訳にあたっては、ミンスキー博士と深い親交があった竹林洋一博士による、『The Emotion Machine』の翻訳『ミンスキー博士の脳の探検―常識・感情・自己とは―』を特に参考にさせていただいた。竹林先生は、貴重な時間を割いてミンスキー博士の話をしてくださっただけではなく、主宰する『脳の探検』勉強会にもご招待してくださった。この勉強会は社団法人「みんなの認知症情報学会」の活動ともつながっている。ミンスキー博士の理論全体は、推測なども含む広大なものであるが、認知症という特定の問題領域を設定し、思考で使われている部品の機能が不全となるという理論にぴったり合致するモデルを選び、実際の患者の振る舞いなどを説明するというアプローチは、ミンス

キー博士の思考理論を実世界の重要な問題に応用する素晴らしいものであると思う。

　安西祐一郎博士による『The Society of Mind』の翻訳『心の社会』も、内容を理解するために重要であった。学生時代に『心の社会』を購入し読んだ時には正直なところぴんとこなかったが、後にミンスキー博士が『The Society of Mind』執筆時に「最初の読者」であったダニー・ヒリス博士や、本書にも寄稿しているブライアン・シルバーマンとの知己を得た時や、また今回の翻訳にたずさわった時に読み返してみると、新たな発見がいつでもある本だと気づかされる。

　ミンスキー博士とは、一度だけ短い会話をする機会があった。たまたま手に持っていた知恵の輪に2通りの解法があることに気がついた時だったので、コーヒーブレイクを取っていた博士に「この知恵の輪は2通りの解法があるんですよ」と見せたところ、「何でそういうことがある時はたいてい2通りなんだろうね？」と謎かけをされるという経験をした。その時は気がつかなかったが、この問いは博士が長年発していたものであり、エッセイ2でも「なぜこの類のものはたいてい2つで1組なのだろうか」と触れられていたのである。

　ミンスキー博士の残した「アイデア」の大きさは、この本に寄せられた協力者の文章の中でも、「そのまま実現はできないかもしれないが」「(難しいことを)あえて主張している」「ダイヤの鉱山のようなもの」といった表現で、そのまま簡単に同意できるような意見ばかりではないことが、繰り返し書かれている。日本の教育現場でも、常識的には「ミンスキー博士の書いていることを適用するのは難しい」という結論に達するかもしれない。ただし、それもまた「人々に考えさせる」ためのミンスキー博士一流のレトリックであり、博士は私たちに考え続け、少

しずつでも改善できるところから改善することを望んでいたがゆえとも言えるだろう。

　翻訳作業を進める一方で、カットされた「エッセイ1へのあとがき」を実際にウェブ上で公開するというプロジェクトも、ジョンと進めていた。その結果として、https://tinlizzie.org/tinkertoy で英語版と日本語版が公開されているので、読者には是非ともプログラムを実際に試してみてほしい。

　2019年7月に、「エッセイ6へのまえがき」の執筆者、パトリック・ウィンストン博士が亡くなったという残念な知らせが届いた。ご冥福をお祈りする。コンピューター科学の黎明期から60年ほどが経ち、パイオニアたちの訃報に触れることが多くなってきた。歴史の証言を残していくには、今が最後の努力をする機会だとも言える。本書のような試みがさらに続けられることを期待したいとも思う。

　最後に、日本語版にご寄稿くださった安西祐一郎博士と竹林洋一博士、編集を担当してくださったオライリー・ジャパンの関口伸子氏、訳出にアドバイスをくださった阿部和広氏に感謝したい。また、注釈が正しく関連付けされているかを確認してくれた当時8歳の息子の謙介（5分ほどで飽きてしまったようだが）、10歳にして、私よりもしっかりとした英文読解力を示し、英文解釈に関する質問に答えてくれた娘の鈴子、そして私よりもしっかりとした日本語力で訳文の推敲をしてくれた妻の治子にも感謝したい。

2020年3月

大島芳樹

索引

ま

や・ら

索引

【訳者紹介】

大島 芳樹 （おおしま よしき）

東京都生まれ。東京工業大学大学院在学中の2000年に、ロサンゼルスにある Walt Disney Imagineering R&Dに参加し、ディズニー社のテーマパーク・アトラクションのプロトタイプなどに従事。当時から、アラン・ケイ博士のグループの活動に参加し、教育向けプログラミング環境の研究開発に主導的な立場で携わる。ケイ博士の設立したViewpoints Research Institute、SAP Labs Communications Design Group、Y Combinator Researchを経て、現在は同僚とともに設立した Croquet Corporationというスタートアップ企業において活動中。2006年に東京工業大学より博士号を取得。

創造する心
— これからの教育に必要なこと

2020年4月23日　初版第1刷発行

著者	Marvin Minsky（マーヴィン・ミンスキー）	**発行所**	株式会社オライリー・ジャパン
編者	Cynthia Solomon（シンシア・ソロモン）、		〒160-0002
	Xiao Xiao（シャオ・シャオ）		東京都新宿区四谷坂町12番22号
訳者	大島 芳樹（おおしま よしき）		TEL（03）3356-5227
			FAX（03）3356-5263
発行人	ティム・オライリー		電子メール japan@oreilly.co.jp
翻訳協力	阿部 和広		
校正	原田 裕江、曽根 信寿	**発売元**	株式会社オーム社
デザイン	原 てるみ（mill inc.）		〒101-8460
DTP	大野郁美（mill inc.）		東京都千代田区神田錦町3-1
			TEL（03）3233-0641（代表）
			FAX（03）3233-3440
印刷・製本	日経印刷株式会社		

Printed in Japan（ISBN 978-4-87311-900-7）